自分の顔は自分でつくる

戦略メイク

池畑玲香

BOW BOOKS

はじめに

あなたはもっと評価されていい

「こんなに努力しているのに、なぜきちんと評価されないのだろう」と思ったことはありませんか？


「私のほうが結果を出しているのに、なぜ彼が評価されるの？」

「昇進は、男性が優先されているとしか思えない」

管理職になっても、

「部下になめられて言うことを聞いてもらえない」

「部長の私にではなく、年上の男性部下に向かって話すクライアントがいる」

「いまだに〝女の子〟扱いされることがある」

そんな悔しい思いをしたことはないですか？

「何度もあります！」という、あなたの心の声が聞こえてくるようです。
「ずっと努力してきて、結果も出しているのに悔しいです」
「会社や上司に腹が立ちます」
「古臭い〝男尊女卑的価値観〟はどうにかならないんですかね！」

現在、ヘア&メイクアップ・コンサルタントとして活動する私のところには、そんなお悩み、ストレスを抱えた優秀なお客さまがたくさんいらしてくださいます。学生時代、勉学に励み、社会人になってからも、語学学習や資格取得をしながらキャリアを積んでいらした方々です。

本書を手に取ってくださったあなたも、そんなおひとりかもしれません。

仕事上での、性別を理由にした差別を禁止した、「男女雇用機会均等法」が施行されて35年以上が経ちます。また、〝ダイバーシティー〟という価値観が、日本でも知られるようになってかなりの時間が経っています。

にもかかわらず、いまだにジェンダーギャップを感じている女性が少なくないのではないでしょうか。

２０２２年の時点で、部長相当職にある女性の割合はたったの８・２％、係長相当職でも２４・１％というのが現状です（内閣府男女共同参画局　令和４年度　女性の政策・方針決定参画状況調べ　民間企業における管理職等（従業員数１００人以上））。

世界的に見ても、ジェンダーギャップがどの程度改善されているかという調査で、日本はなんと１４６カ国中１２５位です（世界経済フォーラム（ＷＥＦ）「Global Gender Gap Report」（世界男女格差報告書２０２３年））。

日本の働く女性をとりまく環境はまだまだ厳しいことが、数字を見ても明らかです。そんな環境の中で、毎日奮闘しているお客さまのお話をお聞きするたびに、キュッと胸が締め付けられるような思いがします。

なかには身体を壊してしまった、心を病んでしまった、という方さえいらっしゃるのです。

けれども、そんなお客さまが、私の提案する**「戦略メイク」**を実践することで、**「評価が上がった」「昇進できた」「長年希望を出していた、念願の仕事にアサインされた」「理想以上の転職ができた」**など、楽に**大きな変化**をとげられています。

「メイクを変えただけでそんなことが起きるはずはない」
「メイクで未来がかなうなら苦労はしない」
「きれいになって自信が出ただけなのでは？」

もしもそう思われたとしても、もう少しだけおつきあいください。

ここでひとつ、質問があります。

ちょっと想像してみていただきたいのですが、あなたは仕事でイベント出展のチームメンバーになりました。

当日、イベント開催中に、ちょっとしたトラブルが発生し、休憩室にいる他のメンバーを誰かに呼んできてもらう必要が出てきました。
ふと振り返るとそこには、学生アルバイトスタッフが3人。そうだ！　あの中の誰かに呼んで来てもらおう。ええっと……。

さて、**あなたはこの3人のうち誰にその仕事を頼みますか？**

Aさん

Bさん

Cさん

「Aさんがよさそう！」と思ったのではないでしょうか。
なぜなら、Aさんは、真面目で信頼できそうに見えるから。
Bさんは、ちょっと信頼できない感じ。途中でサボったりするかも。
Cさんは、ぼーっとしていてなんだか不安。呼んでくる人、間違えないかな。
そんなふうに感じる方がほとんどだと思います。

実はこのイラストは単純な線と楕円のみで描かれています。それぞれの顔には全く同じパーツを使っており、単に配置や角度を変えただけ。とてもシンプルなイラストですが、そこからでも、私たちは**「印象」を受け取り、**これだけの想像をして、**自分の「行動」を決めています。**

Aさんは、顔の印象だけで、「仕事を任せられそう」と思われました。それに対して、Bさん、Cさんは「仕事を任せるのが不安」と思われてしまったのです。本当はBさん、Cさんのほうが、Aさんよりもずっと真面目で信頼でき、確実に仕事をこなすかもしれないのに。

「本当は能力があるにもかかわらず、評価されない」のは、この「造形」が与える「印象」と、その「印象」から影響を受けた人の「行動」が、1つの大きな原因となっています。

私たちは人の顔を見て、実に勝手な印象を持つものです。
あなたもはじめて会う人に対して、こんなふうに思ったことがありますよね。

「優しそう」だから、質問してみよう。
「キツそう」だから、近寄らないようにしよう。
「信頼できそう」だから、自分の話をしてみよう。

同様に、人は、あなたの顔から受けた「印象」をもとに、勝手な印象をいだき、いろいろなことを想像して、自身の「行動」を決めてしまうのです。
世界中の観相学や認知心理学、脳科学、経済学などの分野で、「内面」と「外見」、

「印象」とそれが与える影響などに関して、数多くの研究がなされています。

日本にもさまざまな法則や効果が、紹介されています。

- 「視覚情報」は「言語情報」の8倍もの影響力を持つという〝メラビアンの法則〟
- 外見のいい人は信頼できると思ってしまう、〝ハロー効果〟
- 第一印象が、長く人のイメージに影響を与え続ける〝初頭効果〟

など、挙げればきりがありません。

最近の心理学の研究では、**人は人の顔の印象を、たったの0・1秒で知覚している**ことがわかっています。さらに、その知覚した**「印象」は、人々の「行動」に影響を与える**ことが科学的に証明されつつあるのです（『第一印象の科学』プリンストン大学心理学部教授アレクサンダー・トドロフ著　みすず書房　2019）。

話を戻しましょう。

残念ながら、Bさん、Cさんは、顔の「印象」のせいだけで、「仕事を頼まない」という行動を周囲の人から引き出してしまいました。
はたしてこの状況から、Bさん、Cさんを救う道はあるのでしょうか？

もちろん、あります。

メイクを使えばいいのです！

Bさんの顔を左右対称に、Cさんの顔を求心的に、メイクを使って少し調整しさえすれば、その「印象」を「信頼できる」に変えることができます。
そして、人の「行動」を、「仕事を頼まない」から、「頼む」に変えることができるのです！

そう。

メイクで人の「行動」を、思い通りに変えることはできる

のです。

あなたがもし、「正当に評価されていない」と、悔しい思いをしているなら、それは、

あなたの「印象」が、周囲の人から、あなたが望んでいない行動を引き出してしまっている。

その可能性が大いにあるのです。自分でも意識しないでいるうちに、周囲の人に自然に与えてしまっている印象によって、です。

私は、今の仕事に就く前、約10年間、役員秘書として外資系企業に勤め、そこであらゆる職位の女性たちと接してきました。それを踏まえて、今、ヘア&メイクアップの仕事で、たくさんの女性の悩みをお聞きするたびに強く思うこと。それは、

あなたには、すでに充分な能力がある！
だからもっと、正当に評価されるべき。
これ以上頑張りすぎなくていい。
もっと楽に理想の未来をかなえていい！

「印象」を利用した「戦略メイク」というツールを使えば、人にあなたの望み通りの行動をさせることができるようになり、**もっともっと楽に、軽やかに、「評価」「昇進」「転職」「売り上げUP」という、理想の未来をかなえることができるのです。**

そして、勘のいいあなたはすでにお気づきかと思いますが、この「印象」をコントロールする戦略メイクの基本法則は、婚活などに用いる場合も全く同じ。あらゆるシーンに当てはまるものなのです。

実は、「キャリアップ」のためのメイクと「婚活」のためのメイクには、理論的にも技術的にも驚くほど共通点があります。**違いはほんのわずか。**詳しくは、本文をお楽しみに！

ほんの少し知識をつけて、メイクを変えるだけ。それなのに、このツールをまだ使っていないなんて、「人生損している！」と思いませんか？

本書では、広く一般的に「印象」として伝わる「法則」と、誰にでもカンタンにできて大きな効果があるメイクの「テクニック」をわかりやすく解説していきます。

「え？　たったこれだけのことで、こんなに結果が変わるの⁇」と、あなたが驚く様子をニヤニヤと思い浮かべながら書きましたので、楽しみにしていてください。

ここで、ちょっと「自慢」をさせていただきますと、私は20代の頃、メディア業界で、ヘア&メイクアップ・アーティストとして活動していました。

モデルさん、タレントさん、アーティストさんなどに撮影用のヘアメイクをする仕事です。実は、来日したハリウッド女優を担当した経験もあります。

その当時に培った知見と、30代の外資系企業での勤務経験を通じて体感したオフィスでのリアルな価値観、さまざまに学んできた心理学の知識のすべてを、本書に投入しました。

プロアーティストと会社員。その両方のリアルな経験を持っている人は、おそらく世界中を探しても私以外にいないのではないかと自負しています。

ふだんは、「戦略参謀」のような気分で、お客さまのかなえたい未来をしっかりとお聞きし、「結果につながる」メイクを提案させていただいています。

本書も同様に、**あなたの「戦略参謀」というつもり**で執筆しました。

ビジネスシーンを中心に書かせていただいていますが、婚活でもプライベートでも、活用したいシーンを想像しながら、一緒に「しめしめ」と作戦を練っているような気持ちで読んでいただけたら幸いです。

そして、これから先の人生でも、新たにかなえたい目標が出てきたときには、私に相談するつもりで、本書を開いていただけたら、とても嬉しく思います！

さあ、楽に楽しく理想の未来をかなえに行きましょう！

池畑玲香

目次

戦略メイク　自分の顔は自分でつくる

第3章　今日からできる戦略メイク　準備編

第4章

今日からできる戦略メイク　基礎編
好印象2つの万能ポイントでベースをつくる

第5章

今日からできる戦略メイク　実践編
価値観別　印象づくりをマスターする

第1章

もっとラクに楽しく未来はかなう

あなたと似ている誰かの悲痛な叫び

「頑張っているのに、評価をしてもらえません」

「たいしたことのない同期男性が先に昇進しました。結局うちは男尊女卑なんです」

「やりたい仕事を担当させてもらえません」

「スペックや実績は充分なはずなのに転職がうまくいきません」

「婚活アプリで、いいな、と思う人とマッチングしません。好きじゃないタイプの方ばかりからアプローチが来て疲れ果てました」

「思っていた感じと違ったと、2、3回目のデートで振られます。結婚にたどり着く気が全くしません」


これらはすべて、現在、ヘア&メイクアップ・コンサルタントとして活動している私のもとへ来てくださる、お客さまたちの悲痛な叫びです。みなさん、素晴らしい学歴や仕事をお持ちの、素敵な方ばかり。

「わかる、わかる」「私も同じことで悩んでいる」「本当に腹が立つ！」そう思われたかもしれませんね。

企業で働いていた頃の私も、同じような気持ちになったことがありますし、また当時、周囲の女性たちも、多くが同様の悩みを抱えていました。

婚活のお悩みに関しても、現在、ご相談にいらっしゃる婚活女性の多くが口にされるので、その気持ちは痛いほどにわかります。

頑張りすぎ、というくらい頑張っているのに、思ったように評価されない。
男尊女卑だと感じてつい男性を敵視してしまう。
女性の目も気にして、おもしろキャラを演じてしまう。

男性を立てるために、ちょっと頼りない振りをしていて疲れる。
女性性を見失い、恋愛・結婚からどんどん遠ざかる。

ついつい、やさぐれた気持ちにもなってしまいますよね。
それだけならまだしも、自分を責め、「もっと」頑張ってしまって、心を病んでしまったり、身体を壊してしまったりする方もいらっしゃるのです。

本来ならば、仕事も結婚も、人生をHAPPYにするためにあるのに、どうしてこうも私たちはそれらに振り回されてしまうのでしょうか？
もっとラクに楽しく、欲しい結果を手にしてはいけないのでしょうか？

いいえ。
私は思っています。

女性はもっとラクに、楽しく、理想の未来をかなえるべき！　だと。

女性の人生にとって仕事はもちろん大切ですが、プライベートも思い切り楽しみたい。恋愛も結婚もしたい。家族をつくって幸せになりたい。

出産・育児などのライフステージによっては、時間と労力を割かなくてはいけないことも出てきます。

それも含めて、思い切り欲張りに、**人生のすべてのエリアにおいて、HAPPYになりたい！**　それが女性の本心です。

にもかかわらず、毎日、遅くまで働き、頑張っても頑張っても、評価されない。時間も体力も頭も使い果たし、心もすり減っていくという現実……。

そんな状況を、今すぐにでも変えてほしい!!

すべての女性がひとり残らず、すべてのエリアでHAPPYになるべきだ！

私は心の底から、強くそう思っているのです。

女性がHAPPYなら、それだけでパートナーである男性もHAPPYになります。HAPPYな夫婦の間に育つ子どもなら、HAPPYになるに決まっています。HAPPYな子どもしかいない世界に、戦争なんて起きるはずもなく……。

女性のHAPPYは、世界平和につながる！とさえ、私は思っています。

そう。だからこそ私たち女性は、仕事にパワーを吸い取られ、振り回されるのではなく、婚活に悩んで翻弄されるのではなく、

もっとラクに楽しく、欲しい結果を手にするべき！なのです。

あなたが評価されない理由

そもそも、なぜ、あなたは仕事で一生懸命努力し、成果も出しているのに、なかなか評価してもらえないのでしょうか。

その理由として、みなさんがおっしゃることは、おおよそ次の4つに集約されます。

①自分の能力が低いから
②会社や上司の価値観が「男性社会」「男尊女卑」だから
③ロールモデルがいないから
④男性社会の中でひとり孤独に奮闘しているから

私も過去に同じことを考えていたので、気持ちはよくわかります。
でも、はたしてこれって本当なのでしょうか。解決する方法はないのでしょうか。
順に見ていきましょう。

①自分の能力が低いから

私の能力が、まだまだ足りないから評価されない。だから語学力をもっと上げなきゃ、資格を取得しなきゃと、仕事が忙しい中、時間をつくって勉強を頑張る。

そのこと自体は、とても素晴らしいことですが、「今の私ではダメだから」と、自分自身を責め、必死に頑張りすぎてしまう方が少なくありません。

また、「私の人間力が低いから」と人格者たるべく我慢を重ね、心が悲鳴をあげてしまう。そんな話も数多くお聞きしてきました。

でも……本当にそこまで頑張って、完璧な人格者を目指さなくてはいけないのでしょうか。

多くの場合は違います。男性たちを見ればわかるでしょう？

「女性のほうが優秀」とよく聞きませんか？

採用試験でも、実際の職場でも、本当に多くの方から聞くお話です。「男女をバランスよく採用するには、男子学生に下駄を履かせないと、全部女性になってしまう」などというお話を聞いたことさえあります。

にもかかわらず、評価につながりにくいのはなぜか。

それは、女性たちは、**自分自身の能力を本人が（男性と比して明らかに大幅に）低**

く見積もってしまうからです。

海外の一流大学を出てMBAを取得しているのに、「いえいえ。私なんて。もっとすごい方がたくさんいますから」。

英語ができてマネージャーに昇進しているのに、「いえいえ。私はたまたま運が良かっただけです」。

営業成績で1位をとっているのに、「私はたいしたことはしてません。○○さんのサポートのおかげです」。

実際には能力があるにもかかわらず、そのことを本人が評価していないのです。

これは、周囲の人たちに、嫉妬から足を引っ張られないためにも、謙遜を美徳とする日本人特有のものかと思っていたら、そうではないようです。

10年ほど前に、当時の米国フェイスブック社の女性CEO、シェリル・サンドバーグ氏が、TEDトークのスピーチに登壇したことが話題となり、その動画を見ました。

「なぜ女性のリーダーが少ないのか」という内容です。その際に、なんと彼女自身が学生時代に「男性と比較して、能力の自己評価が低かった」エピソードを挙げ、「そもそも私たち女性は、自分の能力を低く見積もりがちだ」と話していたのです！

彼女のような優秀な人でさえ?!　と本当に驚きましたが、この話に驚いたのは、私だけではなかったはずです。

ちなみにその際に、「大学を卒業して働き始めた人たちのうち、男性は57％もの人が初任給の交渉を行うのに対し、女性でそれを行うのは7％である」という話もされていました。数字を見ても、その傾向がうかがえます。

もちろん、時には処世術として、謙虚に伝えることもあるでしょう。たしかに、「処世術」も「謙虚」も大切なことですが、**処世術のつもりが、行き過ぎて自分自身のネガティブキャンペーンになっていたり、謙虚が癖になり、いつのまにか自分でも自分を認められないことになっているとしたら、それは、大きな大きな間違い**です。

実際には、能力や人間力が低いのではなく、持っているものを自分でしっかりと認めきれていないだけ。認めきれていないから、自信を持って伝えられない。そんな女性が多いのではないでしょうか。

②会社や上司の価値観が「男性社会」「男尊女卑」だから

「男性社会」「男尊女卑」のこの組織！　上司！　どうにかしてー！　と思うことってありますよね。

実際に、女性の活用が進んだ魅力的な会社の話題をあちこちで目にする一方、全国的に見れば、実は、「男尊女卑」的な価値観がいまだに色濃く残る会社、組織、部署、人などが、圧倒的多数として存在していることは否めません。

日本の「株式会社の原型」は1860年代にできたそうですが、「組織」とは、**そもそも、メインの労働力である「男性」にとって仕事がしやすく、結果を出しやすい構造になっていたはずです。**そこから、時代の変化に合わせて、改良を重ねられてきたわけです。もちろん、「男性」がより効率よく、より大きな結果を出していけるように。

その160年の歴史の中で、ほんの三十数年前、ようやく正式に「女性」が登場しました。「正式に」というのは、男女雇用機会均等法が施行されたからです。

それまで、会社組織において、メインの労働力は男性、女性はそのサポート役、という「男尊女卑」な価値観が「スタンダード」であったところから、**はじめて、法律でその「不平等」が禁止された**のです。

今となっては驚きでしかありませんが。

そんな法律が施行されたその年に、社会人としてのスタートを切った方々は、現在50代後半。私たちの「評価者」、もしくは、「評価者」の「評価者」や組織のトップなどの世代です。

その世代の方々は、組織全体が新しい価値観に戸惑う中、上司の顔色をうかがい、社内、お客さま、女性社員の様子をうかがい、右往左往しながら変化に対応してきたのではないでしょうか。

そのご苦労を思うと、古い価値観がいまだ無意識に残ってしまっているおじさまに対して、なんだか優しい気持ちが湧いてくるかもしれません（え？ 湧かない？ 笑）。

組織の価値観が変化するには、ある程度時間がかかります。今でも、一部古い価値観が残ってしまっているのは、仕方のないことかもしれません（もちろん古くて時代に合っていない価値観を肯定しているわけではありません。当然私も、時代遅れの価値観は、もっと早く変わるべきだと強く思っています）。

一方で「うちの会社は完全に平等です」「差別は全く感じません」という話も、お客さまからよくお聞きします。すでに「男女平等」が実現されている組織も増えてきているようです。

つまり、何が言いたいかというと、もしかしたら、**「受け取る側の意識」**による部分もあるかもしれないということです。**「何でも男尊女卑のせいにする病」にかかっ**

ていないか、もう一度自分に聞いてみることも大切ではないでしょうか。

心理学的には、〝思い込み〟を強化するような現実が、目の前で起きると言われています。もしかしたら、何でも「男尊女卑のせい」だ、と思ってしまう心理が、あなたの目の前に、その現実を引き寄せているのかもしれません。

冷静に観察してみれば、当然、男性であれば誰でも評価されているわけではない、ということもわかります。「能力はあるのに、なぜか評価されていない」という男性を目にすることもありますよね。

実際には、「男女平等な価値観」に変化している過程にあるけれど、現状では男性社会寄りである、というのが、現実の状況なのではないでしょうか。

③ロールモデルがいないから

仕事で壁にぶつかり、それを乗り越える方法を教えてほしい！　となったとき、「先輩にアドバイスをもらう」、という方法を思いつきます。そして、「ロールモデルになる女性管理職はいないかな」と社内を見回します。よーく見回すのですがなかなか見つからない。そもそも数が少ない上に、「ああなりたい」「真似したい」と思う人が見当たらない。悩んでいるうちに時間だけが過ぎていく……。

変化の速い今の時代、ほんの少し世代が違うだけで、仕事観も仕事の環境も全く違うと感じてしまいます。せっかくお話をお聞きしても、仕事観が違うから、素直に聞き入れる気持ちになれず、余計にモヤモヤしてしまう。女性活躍への道筋を開いてきてくださったことには、敬意と感謝を感じるけれど……。「今の時代は違うんです」とつい言いたくなってしまう自分に、罪悪感を感じた経験が、あなたにもあるかもしれません。

それなら、と社外に目を向けると、たしかにキラキラと輝き活躍する女性管理職の方たち、ときには若くして役員となった方たちが目に入ってきます。「働く女性のロールモデル」として、メディアに登場するような方たちです。ワクワクしながら、インタビュー記事などを読んでみるのですが……。

バックグラウンドも、会社の文化も違いすぎて、読めば読むほど、逆に絶望的な気持ちになってしまう。「憧れ」の存在には違いないのですが、「ロールモデル」としては何もかもが遠すぎるのです。

「ロールモデルが見つからない問題」は、みなさん共通の課題のようです。

とはいえ、「ロールモデル」に頼りすぎて、時代の変化についていけずに姿を消してしまう。男女問わず、そんな方を目にしたこともあるはずです。

変化が速い、こんな時代の中では、「ロールモデル」の力を借りることなく、自分で行く先を決め、情報収集し、未来を切り開いていく力が必要なのかもしれません。

延々とロールモデル探しをするよりも、**「ロールモデルは不要！」と割り切ることも大切です。**

④男性社会の中でひとり孤独に奮闘しているから

職場の男性比率がとても高く、周囲にほとんど女性がいない。そんな環境で仕事をされているとしたら、孤独や疎外感を感じてしまうのは当然です。

男性は単純に数が多いのでつながりやすく、「仲間」が増やしやすい、情報収集がしやすい、サポートを受けやすい、などのメリットがあるのはたしかです。

ほんの少し前まで、「タバコ部屋」など、男性独特の古い世界があり、非公式な場での情報交換や、仕事術の共有などがされていた、というのもよく聞くお話ですよね。

一方で、女性はその逆。社内人脈作りや、情報収集がしにくく、非公式に仕事を教えてもらう機会も少ないのが実情です。損をしている気がして腹立たしく思ってしまうのもよくわかります。

とはいえ実は、そんな環境の中では、男性側もやりづらさを感じているのです。男性にならば気兼ねなく言えることでも、女性相手だと、「セクハラにならないかな」など余計な心配をしなくてはいけないのです。面倒なことになるくらいなら、黙っておこう、と思うのも理解できます。

たとえば「服装」に関するダメ出し。これはリスクが高いことの1つです。

秘書の友人から聞いたエピソードですが、こんなことがあったそう。

彼女の勤める会社のある部署に、ヒラヒラスケスケの夜のお仕事のような服装の女性社員がいたそうです。

社外の方の出入りもある部署だったため、もう少し「ビジネスにふさわしい信頼感のある服装にならないものか」と気になって、その上司の方に相談してみたそうです。

すると、「うーん。その通りだけど。俺からは言えない」と……。

その友人も言う立場にはなく、何も言わずに終わってしまったのですが、その後も「どうしてあげるのがよかったんだろう」と、もやもやとした気持ちが消えなかったそうです。

そのヒラヒラスケスケの女性は、得意なことがあり、チーム内でとても頼りにされていました。彼女自身がもっと評価されたい、昇進したい、と思っていたかどうかはわかりませんが、もし思っていたとしても、その服装のままでは、かなうのはなかなか難しかったでしょう。

明文化されてはいないけれど、**「暗黙のルール」というものがビジネスシーンにはあります。**それを知らぬ間に破ってしまったとき、男性なら気軽に指摘をしてもらい、気づくことができるのですが、女性は指摘してもらいにくいため、気づくことができないでいる場合が多いのです。ヒラヒラスケスケの女性が、無自覚のままに「信頼を失う服装」を続けてしまっていたように。

私のお客さまの中にも、明らかに、30代のビジネスパーソンとしては幼すぎるヘアメイク、服装でご相談に来る方がいらっしゃいます。

そういう方がいらっしゃるたびに、「男性社会の中で、誰からも指摘してもらえず、孤軍奮闘していらしたのだな」と感じます。お話をお聞きしてみると、実際にその通り、ということが、よくあるのです。

孤軍奮闘しなくてはいけない状況は、これからもある程度存在し続けるでしょう。そのこと自体はやはり、女性にとって辛い部分だとは思います。

ただ、逆に「女性だというだけで目立つ」「新しい価値観を主張しやすい」など孤軍奮闘しているからこそ、得られるメリットがあるのも事実です。

ビジネス社会の暗黙のルールは賢く学びつつ、女性であることの**メリットを見つけ、上手に使い、賢く戦略的に、結果を出していきましょう！**

もしも、本当の理由が「〇〇」なだけだとしたら？

とはいえ、「評価・昇進できない理由」として、先の4つの理由を疑いたくなる気持ちもよくわかります。OL時代、私も周囲の女性たちも、同じように考えていたからです。

ただ……。この4つの理由というのは、なんとかできるものなのでしょうか？

「自分の能力が低いから」というのは、「能力を上げればいい」と思うかもしれません。ですが、これまでだって充分に頑張ってきたのに結果が出ない。だから困っているのに、またさらに頑張る、では全く解決になりません。

男性社会を、今すぐ自分の力でガラッと変えることはできません。ロールモデルはいつ見つかるかもわからず、孤軍奮闘の環境だって、今すぐに自分ひとりの力でどうにかできるものではないのです。

さらに言うなら、これら4つを解決しようと、真正面から向き合うことは「ラク」でも「楽しく」もないですよね。私たちが欲しいのは、**もっとラクに楽しく、仕事で結果を出し、理想の未来をかなえる方法**なのです！

能力が充分にあるにもかかわらず、「評価・昇進につながらない」理由が、ほかにあるとしたら？

もしも、その理由が、そもそも……

あなたの能力が、上司や周囲に単に「伝わっていないだけ」だとしたら？

いやいやいやいやいや……。そんなはずはありません！
伝わっているはずです！
だって、毎年評価シートに、きちんと成果を記入し提出しているし、
面談でもしっかり伝えていますから!!

そう思われたかもしれません。

実は私もそう思っていました。
とあることに気がつくまでは……。

役員秘書当時の私は、ものすごく一生懸命仕事に取り組んでいました。担当の仕事

はもちろん、担当外のことも情報収集し、社内人脈を作り、困った人がいれば積極的にサポートしていました。英語のスキルアップ、資格取得のために、毎朝カフェに寄って勉強し、必死で頑張っていたのです。

評価シートには毎年、最高の自己評価をつけ、仕事の成果とともに、直近のTOEICのスコア・取得した資格なども記入していたものです。

さらに感情に訴えかけるべく（笑）、仕事の工夫、仲間に対する想い、朝の勉強習慣のことなどを、細かい文字でびっしりと書き、まさに「渾身の」評価シートを、何日もかけて作成していたのです！

面談もしっかりと準備し、今後の展望を意欲的に語ることで、評価者によい印象を与えようと懸命になっていました。

それにもかかわらず。ただの一度も「正当」と思われる評価を得られたことはなく、常に「並もしくは並以下」の評価、という結果に終わっていました。

毎回、「今年こそは！」と鼻息荒く頑張っては、がっかりすることの繰り返し。

こんなに頑張っているのに、なぜなんだろう？

私も4つの理由を疑い、なんとかしたいとジタバタしたあげく、どうにもならないと悟り、「ふんっ」「どうせ頑張っても意味ないし」「解決なんてできないじゃん！」と、あっという間にやさぐれていきました。

ところが、あるとき、ふと気がついたのです。

同じ環境の中で働いているにもかかわらず、なぜかスルスルと評価や昇進、思い通りの結果を手にしている人たちが存在する

ということに。

気づけば、彼・彼女らは一度ではなく次々に、希望のポジションを軽やかに手に入れ、評価を得て、**「理想の未来」を継続的にかなえている**ように見えました。

失礼ながら、飛び抜けて能力が高い様子でもなく、人の何倍も仕事をこなしているようにも、前出の4つの原因を克服したようにも見えませんでした。

おかしい……。なぜなんだろう？
そう思った私は、彼・彼女らを観察&分析してみることにしたのです。
観察するうちに、彼・彼女らには、共通点があることがわかってきました。
彼らの共通点。それは、

「コミュニケーション上手」だということでした。

評価シートを出し、面談で希望を伝えているからといって、安心するのではなく、**仕事中、常に、自分を理想の未来に連れていくためのコミュニケーションを、戦略的に行っていた**のです。

そのうちの大きな1つが、**「外見」コミュニケーション**でした。
男性なら清潔感のあるヘア。オーソドックスで、今のポジションよりほんの少し上に見えるスーツに、手入れされた靴。女性も、手入れされたヘアにほどよいメイク。シーンに合わせて、スーツやビジネスカジュアルを、やはり、今のポジションよりも少し上に見える感じに、着こなしていました。

そして男女ともに自信に満ちあふれた身のこなしをしていたのです。

同僚から見ると、**「なんかちょっと気取っていてイヤ」**、と言われかねない佇まいではありましたが、彼らは間違いなく外見で

「私は○○のポジションにふさわしい人間です」

と周囲に**コミュニケーション**していたのです。

非言語コミュニケーションツールの威力

なるほど！　そういうことか！

過去にメイクの仕事をしていたときに、同じ原理を使っていたので、その威力をすぐに理解することができました。

「外見」で、自分の内面や能力をコミュニケーションする。「伝わる」ことで未来がかなう！

たしかに私たちは、人の中で仕事をしています。そして仕事をしているあいだ中ずっと、お互いの視界には、お互いの「外見」が入っています。そして、常に、その「外見」から、お互いにさまざまな情報を、キャッチし合っています。

仕事中に、ふと、こんなふうに感じたこと、ありますよね？

「(この人いつもパリッとしてて) 仕事できそうだな」

「(何度見てもこの人) ギャルみたいだな」

「(彼女いつも髪がボサボサで) だらしないな」

私たちは無意識のうちに、日々、相手の「外見」からの情報を元に、その人の人物像をつくりあげているのです。

Aさんと言えば仕事ができそうな人
Bさんと言えばギャルみたいな人
Cさんと言えばだらしない人

逆に言えば、あなた自身も会社にいるあいだ中ずっと、「外見」で**「私はこういう人物です！」と情報発信**をしている。つまり、他者に対してコミュニケーションをしている、ということになるのです。

いつどんなときでも、「外見」で、「私はマネージャーにふさわしい人物です」と発信していれば、周囲はその情報を受け取り、逆に「いやいや私なんて。単なる、いちスタッフですから」と発信していれば、周囲はその情報を受け取り続けるのです。

考えてみると、「外見」での情報発信は、とても効率的なコミュニケーションだということがわかります。
もしも言語でコミュニケーションしようとすれば、相手のタイミングを見て話しかける必要がありますが、「外見」という非言語での情報発信は、その必要がありません。相手が勝手に、相手の都合の良いタイミングで目にして「受け取って」くれるのですから。

さらに言えば、ある程度広い範囲、声が届かない距離にさえ、情報を届けることが可能です。広いカンファレンス会場の中で、大声を張り上げなくても、「外見」で「マネージャーにふさわしい人物」という情報を届けることができるのです。

言葉を発さなくても、相手のタイミングに合わせなくても、広い範囲に、自分の能力をコミュニケーションできる方法。
年1回の「渾身の評価シート」よりも、「考えぬいた面談でのトーク」よりも、ずっとずっと「伝わる」方法。

それが、「外見」コミュニケーションだったのです！

なぜかスルスルと評価や昇進、思い通りの結果を手にしている人たちが使っていたのは、この力でした。

私としたことが、**こんなに威力のあるビジネスツール**に気がついていなかったのです！

20代、メディアを舞台にプロのヘア&メイクアップ・アーティストをしていた頃、女優さんに役をつかませ、アーティストにファンをつくるためのメイクを施していたのにもかかわらず！

そんな仕事をしていたのに、なぜ気がつけなかったのか。

お恥ずかしながら、実は**それまでは、「外見」コミュニケーションが有効なのは、**

「第一印象」だけだと思い込んでしまっていたからなのでした。

「第一印象」とは、芸能人で言えば「写真」や「舞台上」での印象。
会社員にとっての「第一印象」は、「採用面接」「初訪問先」「重要な会議」などの〝ここぞ！〟というシーンでの印象。

それ以外の、自席の周辺などのシーンは、いわば「舞台裏」のように思ってしまっていたのです。

ですが会社員にとっては、その「舞台裏」のように思えるような場面もまた、「舞台上」なんだということに、そのときになってはじめて気がついたのです！

それに気がついたとき、自分がいかに自席周辺での意識が低かったかを顧みて、深く反省したことは言うまでもありません。

会社員にとっては、会社にいる間はいつでも「舞台上」。

デスクの前にいるとき、社内を歩いているとき、ちょっとした部内の打ち合わせなどのタイミングも含めて、**常に私たちの「外見」は、情報発信をしているのです。**

あなたの「外見」は今、どんな情報を発信していますか?


きちんと正しく情報を発信できていますか?

まさか真逆の情報を発信していたりしませんか?


「全くわかりません」

「悪い印象ではないと思うのですが……。自信がないです」

ほとんどの方がそう感じられるのではないかと思います。

ですが、能力や、人間的魅力があるにもかかわらず、評価されない、昇進できない。

理想の未来があるのに、なかなか手に入らない。

もし、あなたが今、そういう状況にあるとしたら、

その原因は、
あなたの能力・内面を「外見」で正しく発信できていないから。
だから周りに、「伝わって」いない。

ただそれだけのことなのです。

ラクに楽しく理想の未来をかなえよう！

もちろん、婚活でも全く同じことが起きています。

- 婚活アプリで、好みではないタイプの男性からばかりいいねが来て疲れ果てる
- 「思っていた感じと違った」と、2、3回目のデートで振られてばかり
- 本当はそうじゃないのに、「強い」女性だと勘違いされて傷つく

・おつき合いが進んで「結婚」の話を出すと「それは考えられない」と言われる

本当に多くの女性からこういった悩みを相談されるのですが、

ただ、単に「理想の男性」に本当の「あなたの魅力」が伝わっていないだけ。

「外見」を戦略的に使えていないから、「理想の男性」にも出会えないし、誤解されて「結婚」の対象者から外れてしまうのです。それなのに、疲れ果て、「自分に女性としての魅力がないいんじゃないか」と勘違いして傷ついてしまうなんて、もったいないと思いませんか？

なぜかスルスルと評価や昇進、結婚と、思い通りの結果を手にしている人たちを見習って、**外見で、理想の未来をかなえるための情報を発信しようではありませんか！**

自分の能力が低いからだと**勘違いし**、もっと頑張らなくてはと身体を壊すまで働くのはもうやめましょう。

会社や上司が男尊女卑だからと**被害者意識**を持ち続け、ネガティブな感情やストレスに飲み込まれる必要はもうないのです。

ロールモデルがいないことを**嘆き**、男性社会の中で孤独に奮闘している自分を哀れむのは終わりにしましょう。

婚活難民からも卒業です。

あなたはもっと評価されていい！
あなたにはもうすでに能力・魅力があるのだから。
あなたはもう充分に頑張っている。だからこれ以上自分を苦しめないで。
あなたがすでに持っている能力・魅力をもっと表現して！

「伝わることで未来がかなうから！」

女性はもっとラクに楽しく、理想の未来をかなえるべきなのです。

第2章

「伝わる」ことで未来はかなう

2人の課長、彼らの未来を決定したのは……

「なぜかスルスルと、理想の未来をかなえている人たち」の存在に、私が気づいたきっかけとなったシーンがあります。まずはそのお話をさせてください。

秘書時代、担当本部内に、A課長とB課長という、全くキャラクターの違う2人の課長がいました。

課長になって数年、仕事の能力が高いのはもちろん、部下との信頼関係もしっかりできているA課長。部下はA課長を信頼し、安心して仕事ができています。もちろん直属の上司である部長にも、その能力は買われています。

ですが残念ながら、外見が今ひとつパッとしません。レンズが汚れたメガネ、しばらくカットしていなさそうなヘアに、シワが目立つスーツ。全体的になんとなくもっさりしていて、傍目には、とても「デキそう」には見えないのです。

一方、昇進したての若手、B課長。能力はあるものの、まだまだ課長としては新米です。やる気だけが空回りしているところもあり、部下からは、「課長、また新しい仕事引き受けちゃってテンパってるよ、俺らもいい迷惑」と、ヒソヒソ陰口を叩かれてしまっています。

とはいえ、体のサイズに合ったスーツをパリッと着こなし、すっきりとカットされた清潔感のある髪に、キリッとした顔つき。スマートな身のこなしは、なんだか「デキそう」な雰囲気を醸し出しています。

あるとき、会社全体で課長以上を集めたタウンホール・ミーティングが開催されました。

その際に私は、ある役員さんが「あいつ誰だ」と1人の男性を指差して、自分の部下に何やら質問し、他の役員とヒソヒソ話をしているのを目にしてしまったのです。

一体何があったのだろう？　と後からその部下の方に聞くと……。

「あいつできそうだな」「なんてやつだ」と名前と所属を聞いていたというではありませんか。

そう。B課長です。「近いうちに、何かやらせるつもりなんじゃないかな」とその部下の方が言っているのを聞いて心底驚きました。

その後、予想通りB課長は、特命プロジェクトに招集されました。彼はなんとかプロジェクトをやり遂げ、役員もその成果に満足した様子。それ以降も、何か特命プロジェクトがあるたびに招集される、ということを繰り返すようになったのです。どんどん新しいことにチャレンジするうちに、実際にB課長の能力は上がっていき、なんと驚くべきことに、最終的にはA課長を追い抜いて、先に部長に昇進してしまったのです！

評価が、年1回の評価会議の中だけで決まっていると思ったら、大間違い！

いつも優秀な人材を探している管理職や役員は、評価会議のときだけではなく、普段から「誰かいいやつはいないか」と目を光らせているものなのだと、そのときにはじめて知りました。

実際には、経験豊富なA課長は、能力があるのはもちろん、新米のB課長にはない「部下からの信頼」までも持っていました。本来であれば、B課長よりも、高く評価されてもよかったはずです。

A課長の能力と信頼は一緒に仕事をしている人たちには伝わっていました。もちろん書類上にも書かれていたに違いありません。ですが、残念ながら、外見で、本来よりも「デキなそう」な印象を与えてしまっていたために、そのことが、部外まで広い範囲で「伝わる」ことも、評価会議以外の場で、役員に「伝わる」こともありませんでした。

その能力は「年1回」の次の評価会議まで、ファイルの中で眠ることになってしまったのです。

一方、B課長はまだ新米課長なのにもかかわらず、「デキそう」な外見の印象が、遠くから役員の目にもとまり、その「能力」が「伝わった」のです（多少盛り気味に！）。

そして、「特命プロジェクト」への参加を繰り返すことで、さらにその能力は磨かれ、結果的に昇進という未来をかなえることができました。A課長よりも先にです！

この出来事をきっかけに、私は、「なぜかスルスルと理想の未来をかなえている人たち」の存在に気づくと同時に、「年1回提出する評価シートと、年1回の面談でアピールしているだけでは、ダメなんだ」ということに、ようやく気づくことができたのです。

さて、女性グループのランチで、このA課長、B課長の昇進の行方が話題にならないはずがありません。

「ねえねえ、聞いた⁇　Bさん、部長になるらしいよ！　なんでBさんが⁉　Aさんのほうが、能力だけじゃなくて部下の信頼も厚いのに」

「上の人って、本当に見る目ないよね」

「Aさんかわいそうに……でも本人にも責任あるよね」

このエピソード、私の講座の中でお話しすることがよくあるのですが、皆さん、にやにやしながら「あるある、似たようなこと」とおっしゃいます。
あなたの周りでも起きているのではないでしょうか。

人の振り見て我が振り直せ

男性の昇進レースを、あるあるトークのネタにしている場合ではありません。私たち女性にも似たようなことは起きています。

・学歴も高く英語も堪能。能力もあり、人間性もとても素敵なCさん。でも、いつもほぼノーメイクに、乾かしっぱなしのヘア。なんとなく顔色が悪く疲れて見えます。彼女は後輩に、昇進で先を越されてしまいました。

・資格取得の努力を惜しまず、仕事が速いので、課内で頼りにされているDさん。でもキラキラアイシャドウに、マツエクがギャルっぽい。

一方、真面目な印象の後輩は、上司に連れられ、対外的な仕事を増やしています。彼女が交渉スキルを身につけていくのを横目に、Dさんは課内での補佐的なポジションにとどまっています。

・課長のEさん、髪色が明るすぎて、陰で「ヤンキー姉ちゃん」とあだ名がついてしまっています。会議で意見を言っても、なかなか部長陣に真剣に聞いてもらえません。他の男性が同じことを言ったら耳を傾けてもらえているのに……。

これらのエピソードはすべて、能力があるにもかかわらず、「外見」で、その能力を伝えることができていない。むしろ知らず知らずのうちに真逆のネガティブなメッセージを発信してしまっているために、評価・昇進につながっていないケースです。

あなたの身の回りにも、こんな女性が、いるのではないでしょうか。

そして、あなた自身はいかがでしょうか？

「伝わることで未来がかなう」メカニズム

「伝わる」だけで理想の未来がかなうなら苦労はしない、と思うかもしれませんが、実は**伝わるだけで充分に未来はかなう**のです。

組織の中で「評価・昇進などの結果を手にしたい」と思ったとき、そこには必ず「人」が絡んでいます。


「転職を成功させたい」のであれば、「採用担当者」。

「リーダーとして信頼されたい」のであれば、「チームメンバー」。

「営業成績を上げたい」「起業で売り上げを上げたい」のであれば、「お客さま」。

といったように、**あなたの「理想の未来をかなえる」のに必要な「キーパーソン」が必ず存在します。**

そして、そのキーパーソンが「ＹＥＳ！」と言うことこそ、イコール「あなたの未来をかなえる」ことになるわけです。これは、組織や人の中で働いている以上、変えることのできない現実です。

あなたにも「かなえたい理想の未来」があるように、キーパーソンにも、彼らなりの「かなえたい理想の未来」があります。

たとえばＢ課長のエピソードで言えば、彼を引き上げた役員が「キーパーソン」。この役員には、「優秀な若手をどんどん成長させて業績を伸ばす」などの、彼なりの「かなえたい理想の未来」があったことが想像されます。その脳内で具体的な光景を「妄想」していたに違いありません。

そんな中、Ｂ課長という、いかにも自分の「理想の未来」をかなえてくれそうな人物が目の前に現れたのですから、当然ながら「おっ！」と思うわけです。

もちろんこのときにバックグラウンドを調べ、「ＮＯ！」となる場合もあるでしょう。

しかしB課長は、新米とはいえ一定の能力があったので、「YES!」と言わせることができました。

つまり、B課長は、「外見」を上手に使って「私は能力の高い社員ですよ」と情報発信をしていたことで、キーパーソンである役員の目にとまりました。その結果、知ってもらうチャンスが生まれ、「能力」が「伝わり」、「YES!」と言わせることで、理想の未来を手にすることができたのです。

あなたにとってのキーパーソンも同じです。脳内で妄想している、「欲しくて、欲しくて、たまらない」理想の未来。それをかなえてくれそうな「理想の人物」にぴったりな人が、目の前にいたとしたら、どうでしょう。よっぽどのひねくれ者でない限り、**「YES!」と言うに決まっている**のではないでしょうか。

あなたが欲しい結果を手にするためには、あなたの中にすでにある能力のうち、キーパーソンの脳内妄想ストーリーにぴったりの部分を見せてあげればいいだけなのです。

「伝わる」だけで理想の未来がかなう

のメカニズムはご理解いただけましたか？

言うまでもなく、このメカニズムは、ビジネスに限らず、あらゆる人間関係に共通して作用します。もしあなたが、婚活中なら、あなたの内面の魅力のうち、あなたの「理想の男性」の脳内で妄想されているであろう「理想の結婚相手」にぴったりの部分を、アプリのプロフィールやお見合い写真で、見せてあげればいいだけ。

ここで重要なのは、**あなた自身の妄想ではなく、あなたの「理想の結婚相手」の妄想だという点です。**あなたが見せたいと思っている部分の自分ではなく、相手が見たいと思っているであろう部分のあなたです。

こんなに簡単なことで理想の未来がかなうのですから、これを使わないなんてもったいない！

これからは「外見」コミュニケーションを最大限に有効活用して、楽に理想の未来をかなえていきましょう！

最新の心理学研究でわかったこと

人の顔の「印象」が持つ影響力に関しては、最新の心理学でも研究が進められています。

アメリカのプリンストン大学で、アレクサンダー・トドロフ博士らが行った実験で、**人の顔の「印象」が、それを受け取った人の行動に影響を与えている**ことがわかってきました（『Science』2005.6.10号）。

実験では被験者に、それぞれ1人ずつ人物が写っている2枚の写真を見せ、どちらが、より「有能な政治家」か、を判断させました。

実は、その2人は実際の選挙で、対立候補となっていた2人でした。

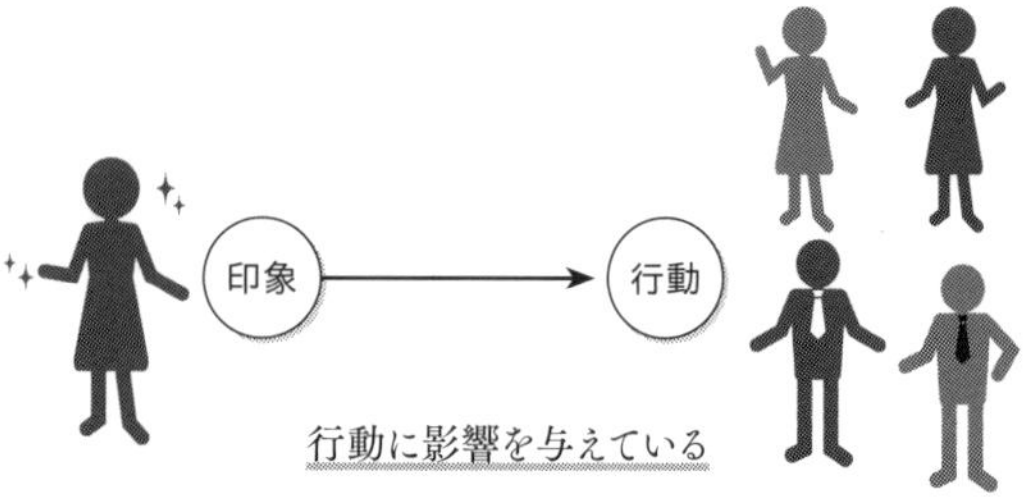

被験者が選んだ人物と、実際に選挙で勝利を収めた人物は、なんと約70％の確率で一致していました。

この実験は複数回の選挙において行われましたが、毎回ほぼ同じ確率で一致していたそうです。顔の「印象」から、「有能な政治家である」と「判断」し、「選ぶ」という行動を起こす、また、それが実際の選挙行動と高い確率で一致している。

「選挙の勝ち負けは顔の印象で決まる」と言っても過言ではないと思いませんか？

完全に余談ですが、「はじめに」でもご紹介したトドロフ博士らによる『第一印象の科学』

という本の中に、とても面白い実験が掲載されていたので、ご紹介させてください。

視覚学者のパワン・シンハらが行った実験だそうで、人が「この人は誰なのか」を認識する際に、主に、顔のどのパーツを見て判断をしているか、を調べたものです。

髪と輪郭の中に1つのパーツのみを残してそれ以外のパーツを消した写真、つまりは、顔の中に眉だけがある写真、目だけ、鼻だけ、口だけ……の写真をそれぞれ見せて「この人は誰なのか」を被験者に判断させたのです。


さて、「この人は誰なのか」を、最も正確に認識できたのは、どのパーツだったと思いますか？

「目」だと思いませんか？　私はそう思いました。ですが実は……「目」よりも「眉」のほうがより正確に認識できるという結果が出たそうです。


もしもあなたが、「眉のメイクが苦手」だからとボサボサ眉のまま会社に行っているのなら、周囲からは、「ボサボサ眉」で「あなた」だと認識されているかもしれませんね（笑）。

顔の印象は何で決まる？

顔の「印象」が人の行動に影響を与えるならば、

「印象」を、戦略的につくれば、人に思い通りの行動をさせることができる

ということになります。

ですが、「印象」を戦略的につくる以前に、そもそも、顔の「印象」は何によって生まれているのか、わかっていない方が大半なのではないでしょうか。

顔の「印象」を生んでいる要素の1つ目は、生まれながらにして持っている「造形」です。たとえば「尖った顎」や「左右対称の顔」などのこと。

「尖った顎」はキツい「印象」を生みますし、「左右対称の顔」なら信頼感・安心感・安定感といった「印象」を生みます。

そして2つ目は、**「ヘアメイク」**です。斜め前髪なら信頼感、ピンクのチークなら優しいなどの「印象」を生みます。

また、「印象」は、**受け取る側の価値観**で決まるものですから、当然3つ目としてその点も考慮に入れなくてはなりません。

「造形」「ヘアメイク」「受け取る側の価値観」この3つの組み合わせで「印象」は生み出されるのです。

1つ目の「造形」から詳しく見ていきましょう。

「40歳を過ぎたら顔に責任を持て」のウソ

過去の歴史の中では「観相学」「人相学」が流行していた時期が何度かあり、19世紀もそんな時代だったそうです。

チャールズ・ダーウィンは、誰もが知る自然科学者。5年にわたる航海でガラパゴス諸島にたどり着き、そこで生物を研究した結果、かの有名な『種の起源』を発表しました。

ところが当時、彼が航海をしたビーグル号の船長は、人相学を信じ込んでおり、ダーウィンのような鼻を持つ人間は、航海に必要な「エネルギーと覚悟」を持ち合わせていない、と考えたそうです。ダーウィンはその鼻のせいで、ビーグル号での航海に危うく参加できないところだったと言われています。

彼の若かりし日の肖像画を見ると、可愛らしくて上品な顔立ちをしています。たしかに、航海に必要な「エネルギーと覚悟」を感じる印象ではありません。が、その印象からは想像もできない偉業を成し遂げ、人類にとって大きな功績を残しているのです。

「造形」の印象が、そのままイコール「内面や能力」ではないということがわかるエピソードです。けれども、造形と内面は全く関連性がない、ということについて、歴史上の人物を引き合いに出さずとも、すぐそばにも、そんな方たちがたくさんいるのではないでしょうか。

本当は繊細で女性らしいのに、きりりとした目元が「強い女」に見える先輩。
本当は自己主張が強いのに、色白で顔が丸く、「ゆるふわ女子」に見える友人。
顔が濃くて、凛々しく意志が強そうに見えるのに、本当は気の弱い男性の同僚。

「四十過ぎたら顔に責任を持て」などと言われますが、はたして本当にそうなのでしょうか？

目が細くて上がり目なのは私のせい？

顎が尖っているのは私のせい？

眉間が狭いのは私のせい？

これらはすべて「キツイ」印象を与えてしまう要素なのですが、本来の内面は優しくて繊細なのに「キツイ人」に見えてしまったら、それはあなたのせいなのでしょうか？


いやいやいやいやいや……。


そんなことに「責任を持て」と言われたら、たまったものではありません。

「造形的要素」というのは単なる遺伝子情報の組み合わせ。そんなことに「責任」を持つ必要は全くないのです。

たしかに、いつも不機嫌で怒ってばかりいる人生だったら、眉間にシワが寄るでしょう。そんな人生ではなく、自分の責任で機嫌よく笑っていられるようにもできるでしょう。でも眉間のシワは目が悪くても寄るし、日焼けや遺伝でも寄ります。他の原因があるかもしれません。

「40歳を過ぎたら顔に責任を持て」はウソ。

本来の意味は、「40歳を過ぎたら自分の人生に責任を持て。いい人生なら笑顔が増える」ということなのではないでしょうか。

あなたの「造形」は、「内面」とは全く別もの。そして、あなたに責任はありません。

とはいえ、残念ながら「造形」が「印象」をつくる、大きな要素になってしまっているのは事実です。

まずは、あなたの「造形」が、どんな情報を発信し、「印象」を生んで（しまって）いるのかを、冷静に、しっかりと把握しておくことが大切です。

メイクなんてしないほうがいい？

顔の「印象」を決める2つ目の要素はヘアメイクでした。

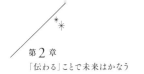

今現在、あなたがしているヘアメイクは、一体どのような「印象」を生んでいると思いますか？

髪色がダークなら「真面目」な印象、ポイントメイクの色がピンクなら「可愛らしい」印象。そのくらいはなんとなくわかるかもしれません。

では、切り揃えた前髪は？　オレンジ系のチークは？　ブラウングラデーションのアイシャドウは？　そこまでいくと、うまく言葉で説明できない、という方が多いのではないでしょうか。

ですが、それぞれのヘアメイクが生む「印象」は、ある意味「記号」のようなもの。ある程度、決まっています。知っておいたほうが断然有利です。

ヘアスタイルや、ポイントメイクの色選びのほか、色味（黄み寄り、赤み寄りなど）、質感、バランス、完成度など、思っている以上に、**細かいポイント**が「印象」に影響を与えています。

たとえばメイクの完成度が低いと「品がない」という「印象」、左右のバランスが悪いと、「精神的に不安定」な「印象」を与えてしまいます。

毎日無意識にしているメイクが、実はネガティブな「印象」を生んでしまっているかもしれないと思うとちょっと怖いですよね。せっかく時間を使ってメイクしているのに。**「むしろメイクなんてしないほうがいい！」**ということにもなりかねません。

今現在のヘアメイクが、どんな情報を発信し、どんな印象を生んでいるのかについて、しっかりと把握している必要があります。

「情報」には必ず受け取り手がいる

次に「印象」を決める3つ目の要素、「受け取る側の価値観」についてです。

通常、「情報」には「発信する側」と「受け取る側」がいますが、**その「情報」をどう受け取るかを決めるのは、当然ながら「受け取る側」です。**

そんなの当たり前！「受け取る側」が勝手に決めるのだから、私には何もできない。好きなように受け取ってくれ、と思っていませんか？

もちろんそれも選択肢の1つではあるのですが、**「受け取る側」の価値観を理解して「発信」する**というのが、賢い大人の女性の「戦略メイク」の考え方です。

たとえばあなたがブラウンリップをつけているところを想像してみてください。受け取り手が若い女性なら、「おしゃれ」という印象を持ってくれそうですが、50代男性ならば、「不健康」という印象を持ちそう、と想像できますよね。それぞれが持っている価値観は異なるのです。

私はこれを、「言語の違い」と呼んでいます。

英語しかわからない人に向かって、一生懸命日本語で何かを主張しても通じないのと、とても似ていると思いませんか？

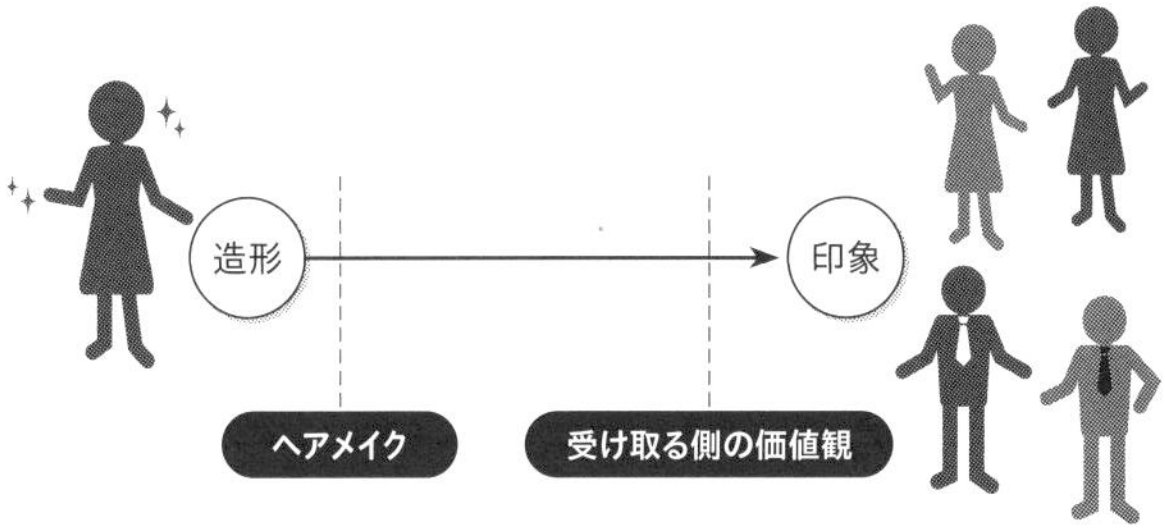

「発信者」と「受け取り手」の持っている言語が違う場合、**「発信者」の言語でコミュニケーションしてしまうと、「受け取り手」にはその意味が伝わりません。伝わらないどころか、全く逆の意味として伝わってしまう場合さえあるのです。**

「伝わる」ためには「相手の言語を使って話すこと」が必要です。面倒ではありますが、「受け取り手」（キーパーソン）がどのような価値観を持っているのかを知り、理解して、コミュニケーションしなくてはならないのです。

なお、「ビジネスシーンで好感を持たれる」ヘアやメイクに関して、雑誌やインターネット上にはたくさんの情報が溢れていますが、この「受け取り手の価値観」を、しっかりと考慮できていないものが多いので、注意が必要です。

オフィスメイクなどと称して、「そんなメイクで会社に行ったら、信頼を失ってしまうかも」「そのヘアはちょっと危険かも」というヘアメイクの情報が溢れています。見ていてハラハラしてしまいます。

たとえ、美容師さん、メイクアップアーティスト、雑誌のライターさん、女性誌の編集者さんなどの「プロ」によるオススメであったとしても、要注意です。ヘアメイクのプロであることに加えて、「さまざまなオフィスのリアルな価値観」を熟知しているのかどうかを見極めたうえで、アドバイスを受け入れるかどうかを決めてください。

未来をかなえる「印象」をつくる

「印象」を生み出す3つの要素は、「造形」「ヘアメイク」「受け取り手の価値観」でした。そして、その「印象」を、戦略的に「つくる」ことで、人に自分の思い通りの行動をさせることができるとお伝えしてきました。

さらには、あなたが仕事で欲しい結果を手に入れたいなら、キーパーソンに「YES!」と言わせればよい、ということもおわかりいただけたと思います。つまり、

「受け取り手の価値観」を知って、「造形」「ヘアメイク」を調整し、
相手の「行動」に影響を与える「印象」をつくれば、
あなたが欲しい理想の未来がかなう。
「メイクを変えただけで、理想の未来が手に入る」

ということなのです。

あなたの理想の未来をかなえる「戦略メイク」は、ふわっとしたマインド論や、いわゆる引き寄せの法則、魔法の話ではありません。心理学、マーケティング思考を応用し、「結果」を出すことにフォーカスを当てた、非言語コミュニケーションツール

です。

「ツール」ですから、メソッドは明確です。

大きな枠で言えば構成要素は次の3つとなります。

①自分を知る：自分自身の「能力・魅力」と、「造形」が与える印象を知る

②相手を知る：キーパーソンの「価値観・言語」を理解する

③相手の言語で自分を伝える：キーパーソンの言語を使って情報発信する

順にご説明しましょう。

①自分を知る

「戦略メイク」は、あなたの「能力・魅力」を表現するメイクです。

あなたが知らないものを表現できるわけがないので、**まずはあなた自身が、あなた**

の「能力・魅力」を、知る必要があります。

そして次に、**あなたの「造形」が与えている印象を知る**ことです。

人は、「造形」から勝手に「印象」を受けてしまうもの。自分の「造形」が、どんな印象につながってしまっているのかを、しっかりと把握しなくてはいけません。

そして、その実際の「能力・魅力」と「造形が与える印象」との間にある「ズレ」を知り、調整（Adjust）する必要があるわけです。

たとえばこんなふうに……。

Fさんはとても有能で体力もスピード感もある女性。彼女は「もっとスピード感あふれる仕事がしたい！　ハードなプロジェクトで実力をつけたい！」と考えています。

ただ、Fさんの「造形」は、全体的に色素が薄く、遠心的な顔立ち。これらの造形が**「弱々しい」「のんびりしている」という印象**を与えてしまっています。「内面」と「造形」の間に「ズレ」が生じてしまっているのです。

ハードなプロジェクトにアサインされたいFさん

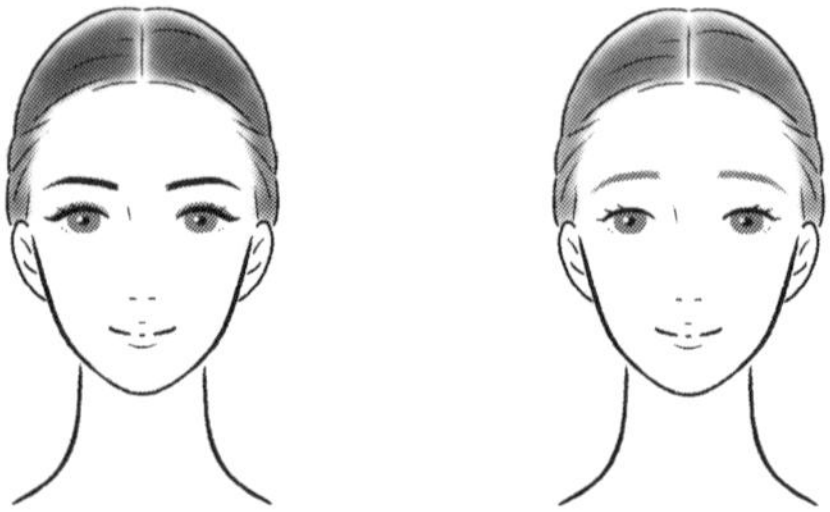

ズレを「調整」
戦略メイク

ナチュラルメイク

この「ズレ」を放置すれば、上司は、Fさんの「造形」が発する情報を受け取り続けてしまうため、ハードでスピード感あるプロジェクトに、彼女をアサインすることは考えつかないでしょう。

ですが、**顔の構成要素を「調整（Adjust）」して、この「ズレ」をなくす**とどうなるでしょう。

・眉頭をほんの少し内側に入れて、キリッと眉山を上げて描く
・アイシャドウの締め色、アイラインをしっかり描く
・髪色・眉色をダークブラウンにする

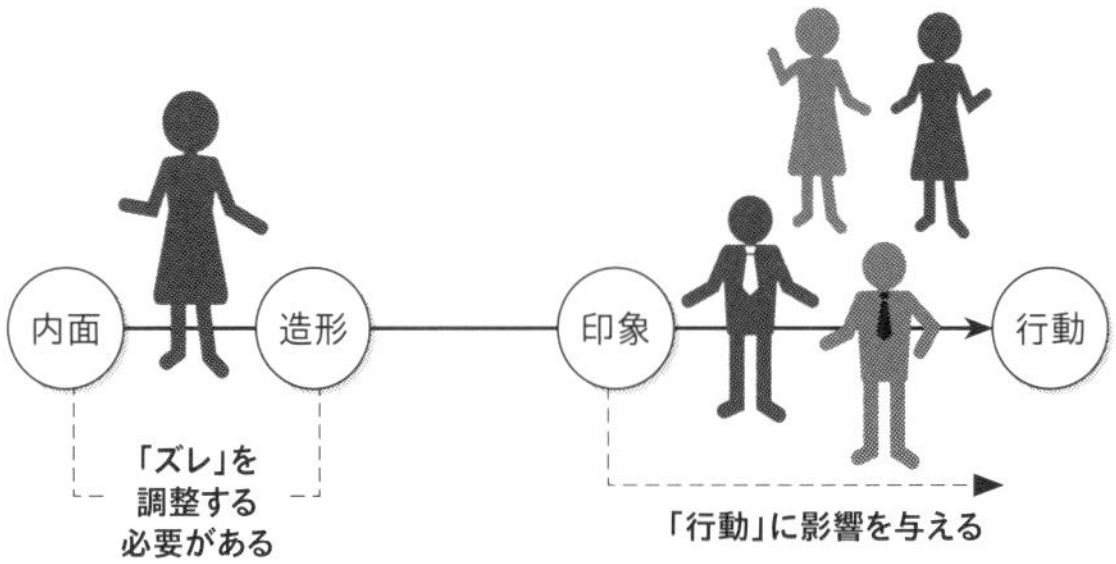

それぞれのパーツの、バランスや形、濃さをほんの少し変え変えるだけで、**「弱々しい」印象から「体力」がある印象へ、「のんびり」した印象から「スピード感」がある印象へ変えることができる**のです。

評価者がFさんから受ける「印象」が、「体力がある人」「スピード感がある人」に変われば、ハードなプロジェクトで人が欲しいとなったときに、アサインされる可能性が高まります。

「ズレ」の調整（Adjust）は、むしろ、その人が本来持っている能力・魅力に「戻る」イメージなのです。

②相手を知る

あなたが与える「印象」の「受け取り手」は、「キーパーソン」です。ですから、「キーパーソン」の「価値観・言語」を理解することが、当然、不可欠になってきます。

ではリアルなビジネスの場で、私たちにとって「キーパーソン」となる人はどんな人たちなのでしょう。

一般的な組織では、40代後半～50代の男性という場合が多いのではないでしょうか。例の、古い時代の価値観の影響を色濃く受けている世代です。

もちろん、会社や組織によってはもう少し先進的かもしれません。ですが、そのような環境であっても、「ビジネスシーン」においての、**人の外見の「印象」に関する価値観は、驚くほどに保守的**です。

先進的な価値観を持つ女性たちから、「私個人としては、みんなの個性を尊重したいし、個性があることは、すごくいいことだと思うんだけど、ちょっと仕事的には……」という言葉を何度聞いたことか！

また、たとえ普段から「自分らしくてOK！」「私は外見で人を判断しない」と思っている方でも、自分自身が手術が必要な病気になったときに、金髪、網タイツの医師が担当になったらお断りしたくなるのではないでしょうか。

実際には、性別や世代はあまり関係がないのかもしれません。

本書でご指導する「戦略メイク」は、一般的なビジネスシーンでの価値観・言語を使用して構成しています。少し「おじさま」寄りに感じるかもしれません。「おじさま的価値観」を目の敵にしたくなる気持ちはよーーーくわかりますが、実は、「おじさま」を含めたビジネスシーンにおける男性の価値観を理解することは、仕事をしていく中で非常に役に立ちます。「外見」コミュニケーションだけでなく、言語でのコミュニケーションも、効果的にできるようになるからです。

また、女性目線で、男性心理を解説してくれている本はたくさんありますので、ぜひ参考になさってください。私自身が読んで、実際にかなり仕事がしやすくなった本を1冊、ご紹介させていただきますね。

『女性（あなた）の知らない7つのルール―男たちのビジネス社会で賢く生きる法』

（エイドリアン・メンデル著　ダイヤモンド社　1997）

1996年にアメリカで出版され、その1年後に、日本で翻訳書が出されたものということもあり、価値観の古い部分もあります。また、日本とは少し文化が違う点もあるので、その点はご注意いただきたいのですが、私自身は、会社員時代、この本を元に周囲を観察・研究したり、それとなく男性の同僚にインタビューをしたりなど、内容を検証しながら参考にしていたものでした。程度の差はあれ、今でもこのような価値観の中で生きているのが、男性なのかもしれません。

一部の女性が「男性の価値観を理解しよう」という考え方に拒否反応をしてしまうのもよくわかります。これまでに多くの不平等を見聞きして来たため、「理解する」ことイコール「負ける」「迎合する」「媚びる」ことのように思えてしまう……。

けれども、たとえ戦うためであったとしても、まずは「理解する」ことが必要です。

そして、できれば戦わないで共存したい。

これまでの時代は、「VS思考」で男性的価値観と戦う必要があったかもしれませんが、これからの時代は、「AND思考」の時代。意固地にならずに「大人同士、対等だからこそお互いに理解し合う」そんな考え方を採用していきましょう。それが真の平等というものではないでしょうか。

③相手の言語で自分を伝える

「ズレ」の調整（Adjust）だけでも、「戦略メイク」の効果は出ます。ですが、もっともっとわかりやすく、相手の言語で「印象」を強調することで大切な情報が「伝わる」ようになります。あなたの能力を**より一層パワフルなメッセージ**として伝える、「印象づくり（Impress）」というプロセスです。

では、具体的には、どんなメッセージを伝えればいいのでしょうか。

業界や業種、ポジションによって、評価される価値観はさまざまです。

人事で社員と頻繁に接するなら、「親しみやすさ」「信頼感」など。経理部門で評価されたいなら、「正確さ」「有能さ」などでしょうか。ポジションによっては「近寄りがたい厳しさ」などもあるかもしれません（過去の私です。笑）。

本書では、それらの中から以下の7つの価値観を選び、それを伝えるヘアメイク、顔の特徴による Adjust 法をご紹介していきます。

①信頼感
②有能さ
③心身ともに健康
④親しみやすさ
⑤リーダーシップ（マチュア感　mature：成熟した大人）
⑥タフさ
⑦女性らしさ

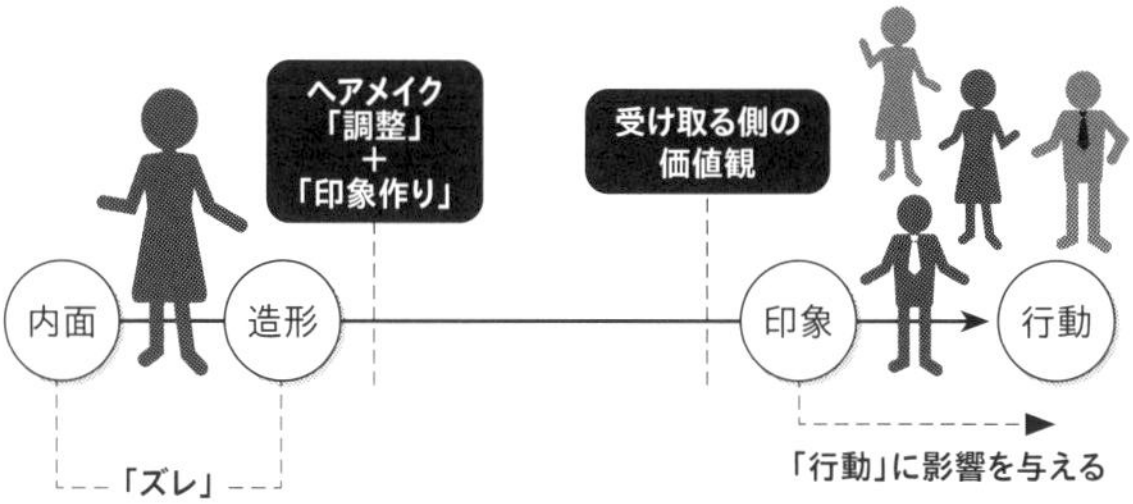

相手の価値観を理解し、相手の言語でコミュニケーションする必要がある！

これらを選んだ理由は、

・秘書時代に、評価者サイドの価値観・意見を見聞きする中で実感していたことである
・にもかかわらず、評価される側の女性があまり意識できていない価値観なため
・ほんの少しの知識と、ほんの少しの違いで、結果につながるため

です。

メイクはキレイになるためにあるのではない

ここまでお伝えしてきて、「美容」の話が一度も出てきていないので、「メイク」ってキレイになるためにあるんじゃないの？　と思われているかもしれません。

実はメイクには、あなたが想像している以上に、いろいろな使い方があります。

思い切り「盛って」楽しんだり、いつもとは違うイメージのメイクで「変身」を楽しんだり……これらは「自分」を最優先にし、楽しむためのメイクです。逆に、身だしなみ、マナーなど「他者」「社会」を優先するためのメイクもあります。

骨格診断やカラー診断など、「内面」はさておき、「造形」を元に診断し、その「造形」に「似合う」メイクや色を使うことで、「社会」と調和でき、安心できる「お守り」的要素の強いメイクもあります。

もちろん他にもありますが、どれもとても大切で役に立つものなので、優劣はありません。好みやその日の気分、または目的に応じて**主体的に**選びたいものを選べばいいのです。

ただ、これらのメイクとは大きく違うメイク。それが、本書でご紹介する「戦略メイク」です。

戦略メイクは「キレイになるため」に存在するのではありません！
理想の未来をかなえるために、「自分」を「相手（社会）」にコミュニケートする（伝える）ために存在するのです!!

さらに言うなら、「戦略メイク」は「自分」も「相手（社会）」もHAPPYにするメイクであり、そして、**結果的にはキレイにもなれる**メイクなのです。

Column01

夢をかなえた女性たち①

「部長として自信を持ちたい。部下が話しかけやすい存在になりたい」

Mさん　30代　医療情報関連企業部長職

Mさんは30代後半の現在、中規模の情報関連企業に勤める部長です。もちろん部長としての能力は充分ですが、「もっと部長として堂々としていたい」「もっと部下から頼られ相談される存在になりたい」と考えています。

＊QRコードを読み込むとMさんの2通りのメイクの写真が見られます。

あなたの現在の年齢や立場でMさんと「部長」として接したとき、どちらがしっくりきますか？

という質問を、20代～50代の男性52名、女性86名の合計138名に対して行いました。

その結果、全体では85％の人がBと回答、男性は71％がBと答えています。

Bと答えた方の理由としては、

・上司だったとして、親しみやすさの中にも凛としたものを感じます。
・清潔感があり第一印象がいい。相談したら的確なアドバイスをくれそう。
・一緒のチームで仕事をしたら、自分の能力も引き上げてもらえそう。
・いい意味で、どっしり感がある感じ。冷静沈着な感じで安心感、信頼感があります！
・部下の立場でMさんを見ると、大人っぽく、知性と品性を感じます。思慮深く部下や取引先の話を聞いて、的確な判断をしてくれそうです。

全体的にどっしりとした安心感と共に、部下が相談しやすい印象もあるというコメントが多数ありました。

一方で、Aの外見に関しても印象を聞いてみました。

・Aはかわいいが幼い印象で、自分のことは一生懸命なのだろうけど、周りをフォローする余裕などはまだなさそう。

・Aは、指示をする側ではなく、指示をされる側のような印象を受けます。

全体的に「可愛い」「幼い」という印象を受けた方が多かったようです。私もそうでしたが、お話をしてみると、とても落ち着きがあって真摯な方。

Mさんが実際にはお持ちの、内面の能力や人間性が、ほとんど伝わっていませんでした。

●調整ポイント

つるんとしたむき卵のような艶のあるお肌を、大人っぽくするためにマットな質感のお肌づくり。そしてアンバランスな眉を左右対称に、実際の眉よりも少し太めに描いて「調整」しました。

●印象づくり

マチュア感を出すために、アイシャドウ、チークのグラデーションを丁寧に仕上げてお顔に陰影を出し、髪はまとめていたいとおっしゃるので前髪を斜めに下ろしてリバースに巻くことで大人の余裕を表現しました。

チークとリップの色は正統派な印象のコーラルを選びました。

☆実際の結果

このお顔になって、まずはじめに変わったのは、Mさんご自身の気持ちだったそう。

メイクを変えただけで、こんなにどっしりとした安定感、安心感、信頼感が感じられる顔になれるなんて、と驚きながらも、**「これで内面と外見が一致した！」と自信が持てた**そうです。

また、印象が変わったことで**後輩や部下からよく話しかけられるようになり、社内でも社外でも、以前にも増して信頼されるようになったと感じている**そうです。

Leiko所感

Mさんはすでに、「部長」というポジションをかなえていらしたのに、ご自身の気持ちが、ついていっていなかった。つまりは、外見でのプレゼンテーションが一番必要な**キーパーソンは、Mさんご自身**だったのです。

「外見」で、自分自身に「コミュニケーション」することは、「私はそのポジションにふさわしい人間だ」、と自己肯定することにもなるのです。

Column02

夢をかなえた女性たち②

「売り上げUPしたい！広告の効果をあげたい！」

Yさん　40代　英語コーチ（自営業）

Yさんはアメリカの法科大学院を卒業し、外資系企業の法務として仕事をしたのち独立し、英語コーチをしています。英語力、教えるスキルは高く能力は充分にあります。現在でも充分にクライアントに恵まれ成功していますが、さらにお客さまを増やしたいと考えています。

＊Yさんの A、Bのメイクの写真は、こちらに↓

あなたの現在の立場でどちらの女性から英語を学びたいですか？

と、前ページと同じ方々に聞いたところ、全体では82％の人がBと回答、男性は80％がBと答えています。

・Aは、親しみやすく頼りになる感じで、日常的な英語を楽しく教えてくれそう。Bは、ビジネスシーンで活躍できる、生の英語を教えてくれるイメージで、ついていけば必ずスキルアップさせてくれそう。

・Aは愉快なお姉さんって感じ。飲み屋にいたら初対面の人にもバンバン話しかけて仲良くなっていそう。職場にいたらムードメーカー的な存在になりそう。Bはできる女、NYのバリキャリウーマンって感じ。ちょっとスパルタそう。だけど絶対結果にコミットしてくれそうな気概を感じる。

・Aはいかにもアメリカにいらした方という感じで、相手にかまわず自分の意見を主張されそうです。Bは意志はあるけれど、相手を考え、言葉を選んで伝えてくれそうな印象を受けます。

Aは、カジュアルな英語を話す、親しみやすいアメリカ帰りのお姉さん。Bはきちんとしたビジネス英語を責任を持って教えてくれそう。そんな声が多かったのですが、ご本人はどちらの要素もお持ちの方です。

Yさんは、起業して2年経ち、本格的にホームページやご案内ページなどを整えるために、使う写真のヘアメイクを依頼してくださいました。そこで、今後、集めたい理想のお客さま像（キーパーソン）をお聞きすると、

「現在も仕事で英語を使っているけれど、もっと仕事をして、年収を上げたい！　海外で仕事もしてみたい！」そんな女性とのこと。

さらにYさんの女性としての優しさ、包容力、リーダーシップなど、働き方、生き方にも憧れを持ってくださるような方を集めたい、とのことでした。

とはいえ、彼女のその当時の印象は、「親しみやすさ」や「タフさ」は感じられるものの、女性らしさやマチュア感を感じるものではありませんでした。

●調整ポイント

そこでまずは、カジュアルに見えすぎてしまうイエローベースのお肌を、ピンクの下地を使って女性らしく「調整」。クセが強く、ツヤのない髪をしっかり丁寧にブローしてツヤを出しました。

●印象づくり

さらに、ポイントメイクには優しいピンクを使って、女性らしい親しみやすさを表現しつつ、ヘアにボリュームと丸みを持たせ、眉を整え、アイシャドウ、チークは丁寧にグラデーションをつくることでマチュア感を出し、リーダーシップを感じさせる「印象づくり」をしました。

☆実際の結果

驚くべきことに、このメイクでの写真をHPや広告・SNSでの発信で使うようになってから、なんと**売り上げが4倍**になったそうなのです！

その後、検証のためにWeb広告ページで、「文言は全く同じままトップページの写真だけ変える」というテストをしたそうです。別のヘアメイクさんとプロのカメラマンに撮影してもらった写真と、先の写真の2種類の広告を比較した結果、なんと、コンバージョン価格（この場合は契約成立までの費用）に、4倍もの差があることがわかったそうです。つまり、**広告費が1／4になったということ。ヘアメイクを変えただけで、売り上げが上がり、コストも削減できるということが数字で証明されたわけです。**

Leiko
所感

テストに使った、もう1つの写真を見せていただいたのですが、とっても美しく、カッコよい、クオリティーの高いものでした。ですが、「キーパーソン」の脳内妄想ストーリーにとっては、「キレイすぎ」て距離を感じてしまったようです。

「戦略メイクは理想の未来をかなえるためにある」ことが数字で実証されたわけです。

第3章

今日からできる戦略メイク
準備編

お待たせいたしました！　本章では、いよいよ、あなたが欲しい未来、欲しい結果を手に入れるための「戦略メイク」を考えていきます。

わかりやすく、まずは、**ビジネスシーンを例にとってお話**を進めていきます。後半で、婚活シーンのお話もしていきますのでお楽しみに。

ステップは全部で5つ。第2章でご紹介した戦略メイクの3つの構成要素（「自分を知る」「相手を知る」「相手の言語で自分を伝える」）を実際に行ってみるのです。

このうち、1つ目の要素「自分を知る」に関しては、さらに細かく、「内面（STEP1）・外見（STEP3）・欲しい結果（STEP2）」の3つに分けています。そして、STEP4で相手、すなわちキーパーソンを知り、STEP5で相手の言語であなたを伝えていきます。

ただし、**STEP5は、次の第4章、第5章になります。**なぜならこのSTEP5の「相手の言語であなたを伝える」具体的な方法こそが、「戦略メイク」そのものだからです。

この中でご紹介するワークシートは、実際に、私のコンサルテーションや講座に参加された方に、最初にやっていただいているものです。

最初は少し面倒に感じるかもしれませんが、慣れてくれば頭の中だけでカンタンに、さっとステップを踏めるようになります。

一つひとつ順番にお伝えしていきますので、ひと通り、流れに沿ってトライしていっていただければと思います。

STEP1　自分の能力の棚卸し
STEP2　理想の未来を決める
STEP3　自分の外見を分析する
STEP4　キーパーソンを知る
STEP5　相手の言語であなたを伝える

STEP 1

自分の能力の棚卸し

まずは、あなた自身の、能力の棚卸しをしていきましょう。

メイクの本なのに、棚卸し？　と思ったかもしれませんが、「戦略メイク」は、外には見えていない「能力・スキル・人間的魅力」などが、相手に「伝わる」ことで未来がかなうメイク。まずは、あなた自身がしっかりとご自身の「能力・スキル・人間的魅力」を認識していく必要があります。

STEP 1

①キャリア曲線を描く

左の例を参考に、あなたのキャリア曲線を描きます。横軸に年齢、縦軸に感情(±)をとり、良かったとき、良くなかったときを波線で表現し、そのときに発揮で

キャリア曲線の記入例

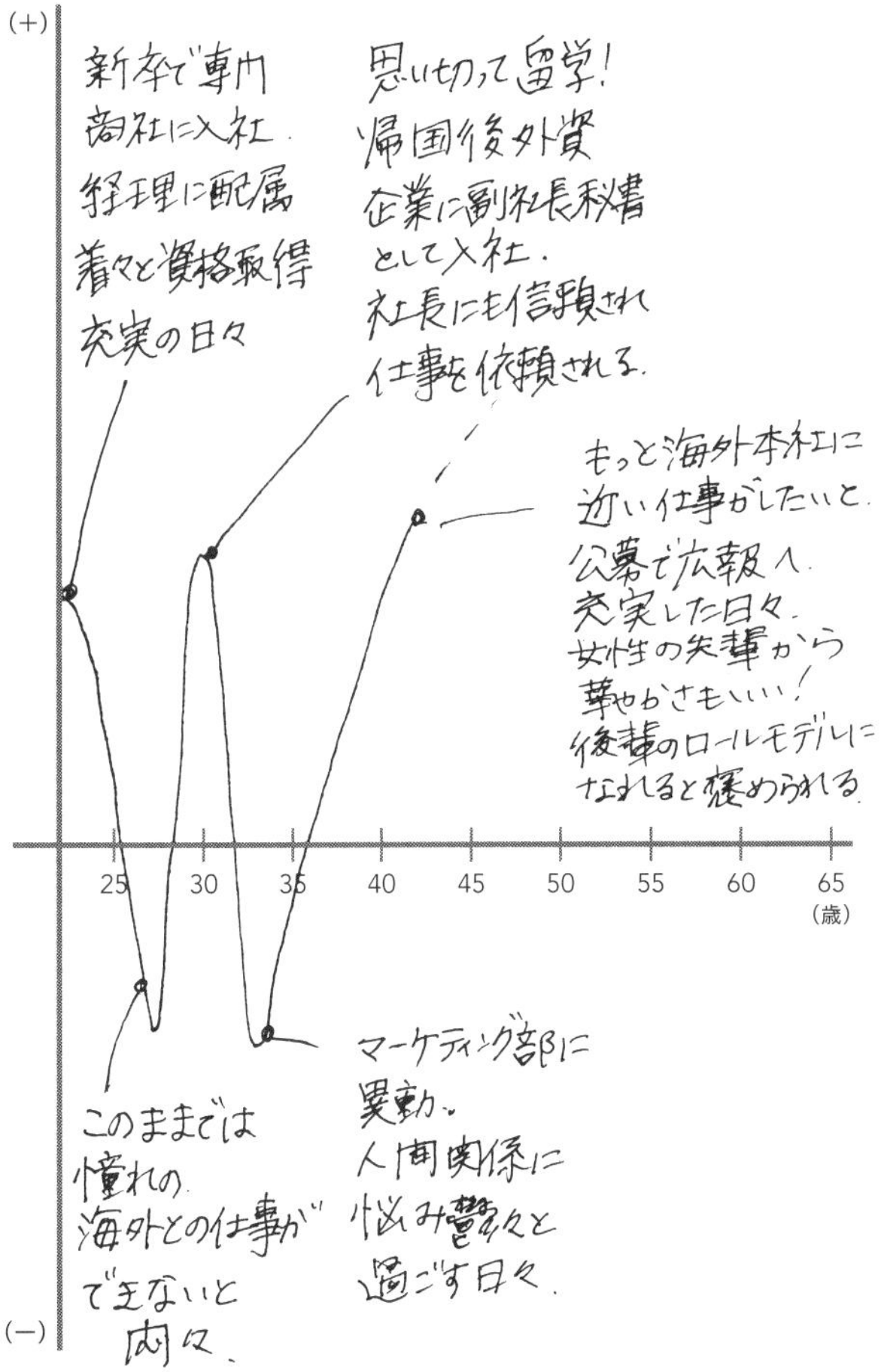
(+)
(−)
25
30
35
40
45
50
55
60
65
(歳)
新卒で専門
商社に入社。
経理に配属
着々と資格取得
充実の日々
思い切って留学!
帰国後外資
企業に副社長秘書
として入社。
社長にも信頼され
仕事を依頼される。
もっと海外本社に
近い仕事がしたいと。
公募で広報へ。
充実した日々。
女性の先輩から
華やかさもいい!
後輩のロールモデルに
なれると褒められる。
このままでは
憧れの
海外との仕事が
できないと
悶々。
マーケティング部に
異動。
人間関係に
悩み鬱々と
過ごす日々。

あなたのキャリア曲線を書いてみましょう

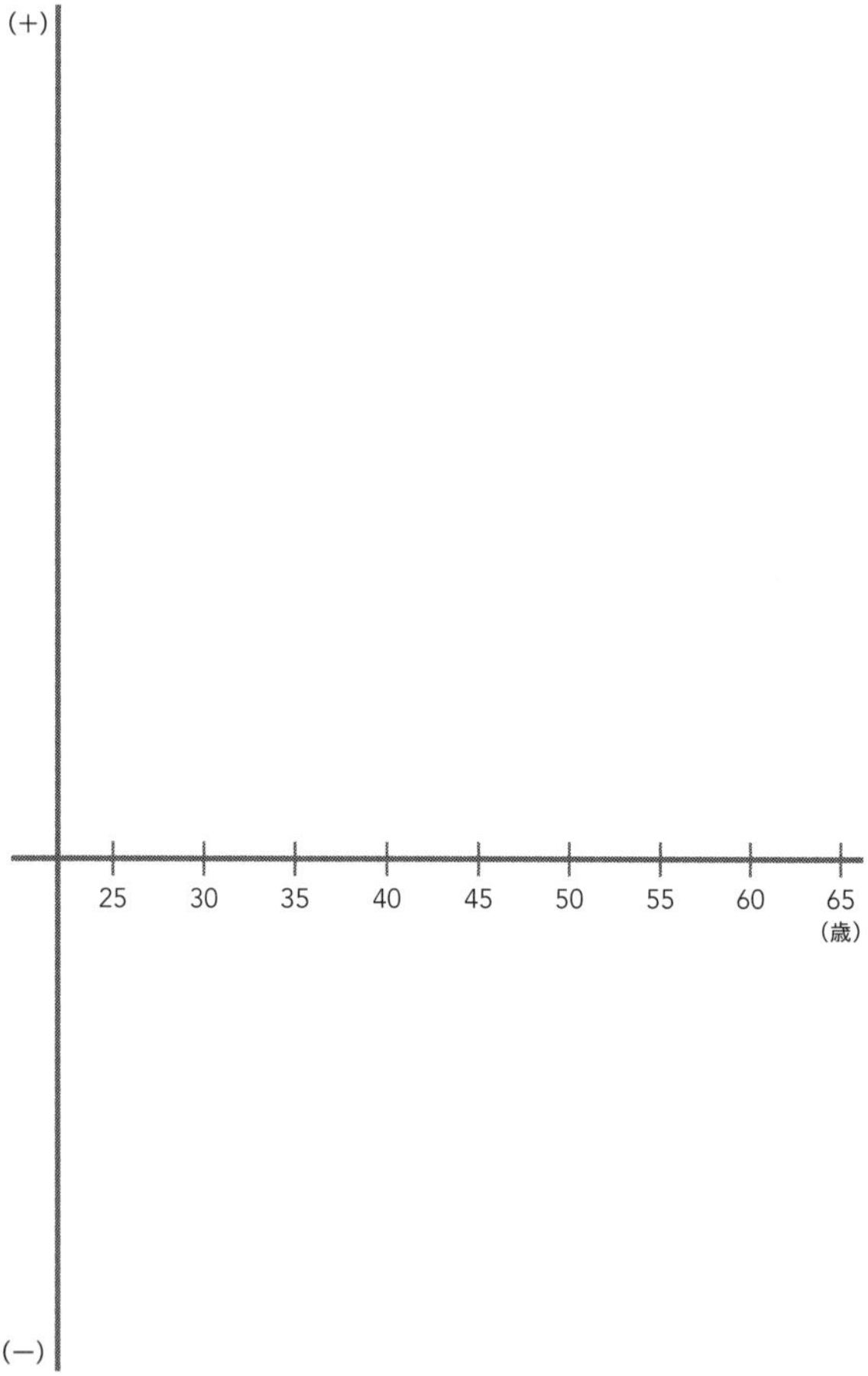

きた、または評価された「能力・スキル・人間的魅力」を書きます。良くなかったときに関しては、良くするために工夫したこと、努力したこと、などを書いてください。

多くのお客さまが改めてご自身のしてきたことを客観視することで、「あれ？ 私、意外と、○○な能力があるんだな」など、新たな気づきを得ることができ、一生懸命ベストを尽くして生きてきた自分が愛おしく思えてくるようです。

「今まで全然認めてあげていなかったことに気づき、自分に謝りたくなった」とおっしゃる方までいらっしゃいます。

あなたはいかがでしたか？

STEP1 ②能力をリストアップする

次にキャリア曲線を見ながら、「能力・スキル・人間的魅力」を整理します。

先ほどご紹介した本書で取り上げる7つの価値観とあなたの能力を結びつけていきましょう。

①信頼感　②有能さ　③心身ともに健康　④親しみやすさ
⑤リーダーシップ（マチュア感）⑥タフさ　⑦女性らしさ

ワークシートの、7つの価値観の枠内に、キャリアシートから見つけたあなたのエピソードを書いていきます。

たとえば「信頼感」の枠には、

・秘書時代、副社長秘書にもかかわらず、社長にも信頼していただき、仕事を依頼されることが多かった

「女性らしさ」の枠には、

・先輩女性社員から、「華やかな部分もいい。後輩女性社員のいいロールモデルになれる」と褒められた

などのように。

意識していただきたいのは**「ある」にフォーカスする**ことです。どんなことからも、「能力・スキル・人間的魅力」を掘り起こすイメージでしっかりと自分を見てあげましょう。そもそも女性は自分を過小評価しすぎですから、過大評価するくらいがちょうどいいでしょう。

能力・スキル・人間的魅力を整理

7つの価値観	エピソード
信頼感	
有能さ	
心身ともに健康	
親しみやすさ	
リーダーシップ（マチュア感）	
タフさ	
女性らしさ	

STEP 2

理想の未来を決める

さて、次はいよいよ「未来」に目を向けていくステップです！

STEP 2

①ゴール設定——理想の人生・理想の結果

「仕事」での理想の未来をかなえる、というのがゴールですが、今一度、人生全体から考えていきましょう。

いつもお客さまには、メイク前にお話をお聞きするのですが、仕事だけに注目するのではなく、全体から考えることで、「理想の未来」が変わってくる方も多いのです。

あなたは人生において、人として、女性としてどうありたいですか？

○年後にどうなっていたいですか？　何をしていたいですか??

1年後でも、5年後でも、10年後でも、想像しやすい未来でかまいません。次のワークシートを使って書いてみてください。20年後を書いて、そこから逆算して10年後、5年後、と複数枚書くのももちろんOKです。

今後、自分を幸せにしていくためのプランだと思って書いていきましょう。

今の会社での活躍のほか、転職、起業などあらゆる可能性について、ご自身としっかり相談してみてください。

「戦略メイク」を、「とりあえず今の環境で我慢してうまくやる」ためではなく、心からの理想の未来をかなえるために使っていただきたいのです。

それが書けたら、一番下のボックスに、キャリアにおいて直近でかなえたいこと、欲しい結果について具体的な目標を書きましょう。

遠い未来が想像しにくい方、プランド・ハップンスタンス・セオリー（Planned

happenstance Theory＝計画的偶発性理論：偶然の出来事を積極的かつ意識的に活用していこうというキャリア理論。興味のある方は『その幸運は偶然ではないんです！』（J・D・クランボルツら著　ダイヤモンド社　2005）を）に則りたい方は、直近の未来だけを書いていただいてOKです。

例

・3年後に海外赴任する
・2年以内に課長に昇進する
・1年後に○○業界への転職活動を始める。第一志望は△△社！
・半年後に社内公募で◇◇部に移動する
・今のポジションでより責任の大きい仕事をさせてもらう

生涯を通じて、あなたはどう「あり」たいですか？

人として	
女性として	
その他	

____年後、あなたはどう「なり」たいですか？　「何をしたい」ですか？

プライベート （趣味や学び、 ボランティアなど個人として）	
家族 （親、兄弟、夫、 子ども、パートナーなど）	
人間関係 （友人その他）	
仕事 （内容、スタイル、 収入など）	
その他	

____年後のあなたの人生を理想通りのものにするために
「直近」でかなえたい未来、欲しい結果はなんですか？

STEP2

②ターゲット設定――キーパーソンの特定

「かなえたい未来」が決まったら、次に必要なのは、それをかなえるための「キーパーソン」の特定です。

あなたの理想の未来をかなえるために「YES!」と言わせる必要がある「キーパーソン」は誰ですか?

1人でも複数でもかまいません。まずは書き出し、その中でも一番「理想の未来」にとって影響力のある人物を特定しましょう!

あなたの「理想の未来」をかなえるためのキーパーソンは誰ですか？
その中で最も影響力のある人は誰ですか？

◎
○
○
○
●
●
●

STEP3

自分の外見を分析する

キーパーソンが特定できたら次は、あなた自身の「外見」について分析していきます。ここで「内面」「能力」と「印象」の間の「ズレ」を見つけておくのです。

「造形」

「現状のヘアメイク」

の2つの視点から分析していきます。

自分自身の「外見」について考えるとき、どうしてもコンプレックスを感じて嫌な気持ちになってしまったりするものですが、改めてここで、あなたの持つ「造形」はあくまでも遺伝子情報の組み合わせでできた単なる「造形」であり、あなたの「内面」「能力」とは無関係だということを思い出してください。

コンプレックスや感情はいったん脇に置いて、できる限り冷静に、自分の顔を「物体」だと思ってその造作を分析していきましょう。そうすることで、「戦略メイク」の精度が高まり、結果につながりやすくなります。

ちなみに、自分の造形を客観視できるようになるためには、このようなことがオススメです。

・あらゆる角度から自撮りをする、積極的にいろいろな写真に写る。そして眺める
・友人に、いくつかの自分の写真を見せて「それぞれどんな人に見えるか」を聞く
・テレビや雑誌などで女性をたくさん見て「印象」を分析。「造形」のどの部分がそのような「印象」に見えるのかを研究する

そして、**自分が「ブサイク」と思う写真も、友人に見せて**みましょう。

女性は、「自分の思うコンプレックスが解消されて写っている写真」を「可愛い」

と思い、逆に、コンプレックスがそのまま写ってしまっている写真を「ブサイク」と思いがちです。けれども、人には違って見えていることが多々あるのです。

それでは、いっしょに分析していきましょう！

分析箇所はたくさんあるのですが、本書では次の最重要ポイント5つに絞って分析していきます。

分析ポイント1　髪
分析ポイント2　左右バランス
分析ポイント3　眉デザイン
分析ポイント4　顔の色素
分析ポイント5　その他重要ポイント

この5つは、本書で扱う7つの「価値観」「印象」に影響を与えやすく、また、改善の余地がある方がとても多いのです。

巻末に折り込みのチェックシートを使って、分析ポイントについて、ご自身が当てはまるところにチェックし、当てはまった項目は横一列マーカーで色付けしたのち、チェックシートを手元に置いて、次のページからの解説をご覧いただくとよいでしょう。

なお、シートは、次のＱＲコードから読み込み、プリントアウトすることもできますので、ご活用ください。

分析ポイント1 髪

何をおいてもまずは髪！

「印象」への影響力がダントツに高いパーツはヘアです。ヘアは顔に比べて面積が広い。さらに顔は正面と横顔の270度分の影響力なのに対して、ヘアは360度分。後ろ姿からも「印象」に影響力を持つからです。

また、顔の額縁となる顔まわりの処理は印象に影響を与えやすく、**「何をおいてもとにかくまずは髪！」というくらい重要なポイント**です。

このように言うと、長さのことを考える方も多いと思います。たしかに、ロングは「女性らしさ」、ミディアムは「女性らしさ」「正統派」「誠実」な印象、ショートは「健康的」な印象を与えることができます。けれども、**実は、長さよりも、ずっと印象に影響を与える要素があります。**

それが、次の3つ。順に見ていきましょう。

①髪色
②質感（ツヤ）
③エッヂ

①髪色

実は髪色で損をしてしまっている方が非常に多い。髪色くらいで？　と思うかもしれませんが、秘書時代、髪色のせいで、陰でネガティブな評価をされてしまっている方のことを、何度見聞きしたかわかりません。

女性にとってヘアカラーで髪色を明るくすることは、さほど珍しいことではありませんが、社内を見回してみてください。明るい髪色の男性はどのくらいいるでしょうか？　おそらくとても少なく、いても営業のごく一部の担当などではないでしょうか。

ビジネスシーンで、「明るい茶」の髪は、まだまだ認知度が低いのです。

また、「明るい茶」の髪色が、「若い」「軽やか」「明るい」という印象に見えるだろうと思う方も多いのですが、実際には、その効果はあまり期待できません。

チェック方法

下のQRコードを読み込むと、カラースケールがあります。自然光の下で自撮りして、スケールと並べてみます。より正確にチェックしたい場合は美容室でカラースケールを髪に当てて確認してもらいましょう。

髪色が与える印象

◉黒（カラーレベル4以下）

7つの価値観にも概ねいい影響を与えますが、「親しみやすさ」「女性らしさ」を表現するには強すぎる場合があります。業界・業種によっては「地味すぎる」場合も。**ご自宅での白髪染め、ヘナなどをされていて、不自然なほどの「真っ黒」になってしまっている場合は**マイナスの印象を与えてしまいます。

◉茶（カラーレベル6、7程度）

老若男女問わず心地よく、安心感とともに見ることができるダークブラウンです。7つすべての価値観にいい影響を与えます。アナウンサーやCAの髪色はこのくらいのトーンです。

◉明るい茶（カラーレベル8程度）

ビジネスシーンではマイナスになることが多いのですが、業界・業種・地域などによっては「明るい」「活動的」「親しみやすさ」「女性らしさ」につながる場合もあります。カラーレベル9以上はビジネスシーンではNGです。

◉ニュアンスカラー（赤・パープルなどの個性的な色み）

職場の文化や評価者の価値観によっては、よい印象につながる場合もありますが、一般的には危険な選択ですので、慎重に選びましょう。

②質感（ツヤ）

日常、後ろ姿からでも私たちは自然に、着ている洋服に左右されることなく、女性の大体の年齢を推察できますよね。その推察材料の多くは、髪のツヤです。若ければいいというものではありませんが、若々しく見えるということは、健康的で、活動的に見えるということでもあります。

チェック方法

自然光の中で、バストアップで、横や後ろから写真を撮ってもらい、ツヤの有無をチェックしてみてください。

質感が与える印象

ツヤがなくなる要因としては、強いパーマヘア、乾燥毛、毛先をすいたことによるバラつき、生まれ持ったくせ毛などがあります。また、自然なツヤではなく、**脂性のベタっとしたツヤ（ギラつき）は「不健康」で「清潔感に欠ける」**印象となります。

③エッヂ

エッヂとは、ヘアの一番外側のアウトライン、そして顔まわりの毛のことです。一見、小さなことのように思えますが、印象を大きく左右する、とっても大切なポイントです。

チェック方法

朝のスタイリング時にチェック、そして、仕事中お手洗いに行った際などに、鏡でチェックしてください。朝はきれいにスタイリングしていても、時間が経つにつれて、エッヂがボロボロになっている方も多いので、1日に何度かチェックしましょう。

エッヂが与える印象

◉頭頂部からオバQのように立ってしまっている**アホ毛**、寝跡、ゴム跡、伸ばしっぱなしで毛先が揃っていないロングなどはすべてマイナスの印象です。

◉**顔まわり・首まわり**

顔を小さく見せよう、丸顔を隠そうと考え、両頬に髪が掛かるヘアスタイル。まとめ髪の際の耳まわりや首まわりのばらついたおくれ毛。いずれもマイナスの印象です。

◉**前髪**

・**切り揃えた前髪、斜め前髪**については、印象はスタイル次第となります。

・**オールバック**は、概ねプラスの印象ですが、キリッと強い感じがするので、「親しみやすさ」「女性らしさ」には欠けます。また、後頭部がペタンコだったり、**髪が少ない、細い場合にピタッとしたオールバックにすると「貧相」な印象**になります。

・**おでこ出しスタイリングなら、**ピタッとしたオールバックほどの「強さ」はないので、全般的に「親しみやすい」よい印象を与えることができます。

よい印象を与える前髪

オールバック　おでこ出しスタイリング　ほどよい長さ、量の切り揃えた前髪

・刈り上げ、アシンメトリー、ウルフカット、ツーブロックなど、奇抜なヘアスタイルの場合は、言うまでもなく、「個性的」「協調性がない」などの印象を与えます。

好きな髪色やヘアスタイルに、「×」がついてしまった場合は、少しショックかもしれません。もちろん、自分の「好き！」を貫くのも1つの選択です。それがあなたの理想の未来にマッチするものであれば素晴らしいことです。でも、もし、たとえばあなたの理想の未来が、日本の一般的な大企業での昇進や転職、あるいは、そこに勤務する人との結婚なのだとしたら……。

選択するのは、あなたです。

分析ポイント2

大きい小さい、高い低いより、配置です

左右バランス

顔の「造形」というと、すぐに、目が大きいとか鼻が高いとかいったことをお考えになるかもしれませんが、それ以上に、顔の印象を決めるのは、バランスです。

よく顔のパーツの配置の黄金比がインターネットに出てきますが、重要なポイントは、「左右のバランス」と「求心的」か「遠心的」か、の2つです。

チェック方法

左右バランスのチェック方法

顔の**左右対称をチェックできるアプリ**がありますので、そちらを使用するのがカンタンです。

または、真正面の顔の写真を大きめに出力して、山折りに縦半分に折り、鏡に垂直

求心顔／遠心顔のチェック方法

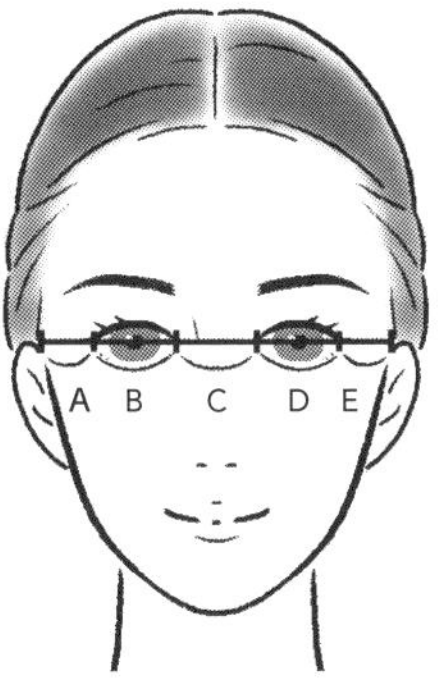

に当ててみて、それを撮影します。左半分で作った全顔、右半分で作った全顔のイメージが、さほど変わらなければ、左右対称に近いお顔、イメージが全く違うようなら、左右非対称のお顔です。

求心的か、遠心的かのチェック方法

真正面からの顔の写真を出力し、図のA～Eの部分の長さを測ってください。

それぞれの長さの比率で判断しましょう。Cと比べて、A&Eが長ければ求心顔、Cと比べてA&Eが短ければ遠心顔です。

A～Eの比率が同じであればあるほど「バランスのよい顔」となります。

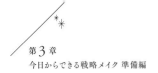

バランスが与える印象

◉左右対称／非対称

左右対称であれば、7つの価値観のすべてにプラスの影響を与えます。心理学的にも、そもそも人は左右対称のものによい印象を持つもので、「シンメトリー効果」として、さまざまな分野に活用されています。お城や寺院、公共の建築物、企業のロゴ、ポスターデザインなど、多くの人に受け入れられる必要があるものには、左右対称のものが多いのです。

オードリー・ヘップバーンさん、後藤久美子さんなど、幅広い層の方に長く人気がある女優さんやタレントさんには、左右対象のお顔の方が多い、とも言われています。逆に左右非対称のお顔は、残念ながら、ビジネスシーンではマイナスになりがちです。女優さんやタレントさんにもいますが、個性的な印象の方が多いですね（そういえば、悪そうに見える、左右非対称のお顔の政治家さんもたくさん……笑）。

◉求心的／遠心的

どちらにもプラス、マイナスの側面があります。詳しくは第5章に。

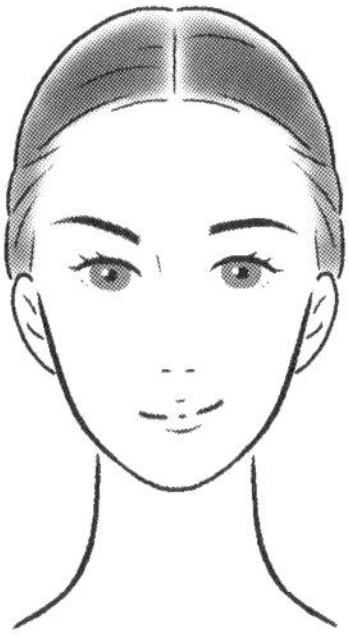

左右非対称顔

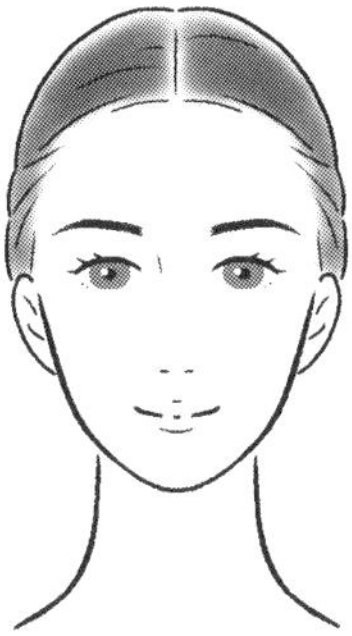

左右対称顔

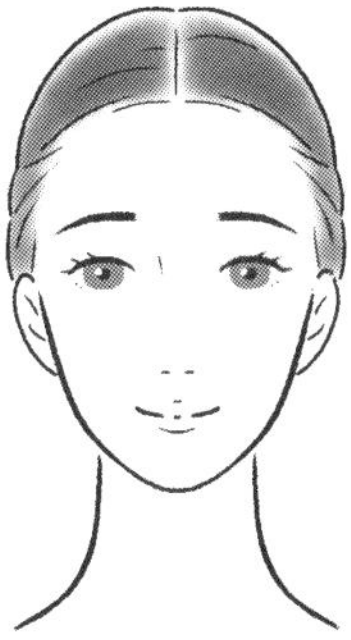

遠心顔

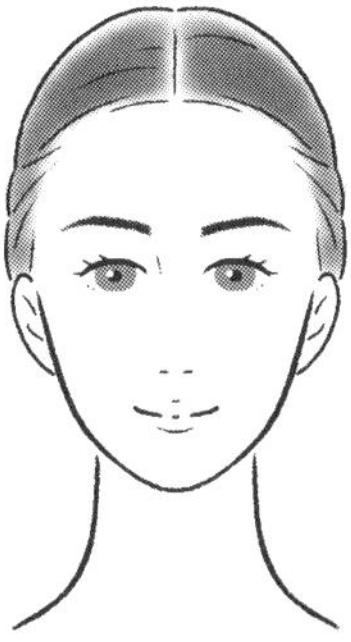

求心顔

分析ポイント3

眉は目ほどにものを言う

眉デザイン

アイラインやアイシャドウには、お金をかけても、アイブロウには、無頓着な方が多いように思います。けれども、印象に大きな影響を与えるのは、アイメイクより何より眉です。代表的な眉の形が与えている印象をお教えしましょう。

チェック方法

ご自身の普段のメイクで写真を撮り、イラストと見比べてみましょう（191ページに眉のゴールデンバランスの図がありますので、そちらもご参照ください）。

◉左右対称のベーシック眉

7つのどの価値観に対してもいい影響を与えます。「ベーシック眉」とは、イラストのようなかたち。流行り廃りに関係なく通用するデザインです。いつの時代も、ファッション誌に掲載されている女性の写真のうち、3割程度はこの眉！ と言っても過言ではありません。

誰が見ても見心地がいい自然な美しい眉デザインです。

◉アーチ眉

アーチ眉とは、次ページの図のようなデザインの眉です。たしかに女性らしいのですが、どちらかといえば、あまり良くない意味での、「オンナっぽさ」を感じさせます。ビジネスシーンでは、あまりよい印象にはつながりません（欧米人の、往年の女優や現在の女性エ

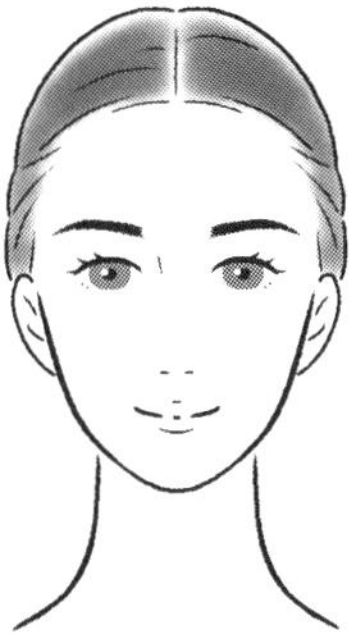

ベーシック眉

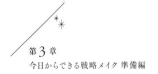

グゼクティブに時々お見かけするので、国によってはよい印象なのかもしれません。そこは要調査ポイントです！)。

◉下がり眉

一時期流行り、今でも人気があるようです。男性に「守ってあげなくては！」と思わせられるという俗説がありますが、結婚相手ではなく、あくまでも恋愛対象としてですね。いつも困っていて、サポートが必要な人が奥さんでは心が休まりません。

◉眉山が高すぎる眉

「高すぎる」という目安は、眉頭の上の高さと、眉山の高さの差が2ミリ以上です。骨格の凹凸に合わせて眉を描くと、眉山がとても高くなるタイプの方がいらっしゃいます。もちろん、「骨格に合っている」という意味では正解なため、眉サロンに行くと、そのようなデザインにされてしまうかもしれません。ですが、ビジネスシーンでの印象を重視するなら、骨格とはズレていたとしても、ベーシック眉に近づけて描くことをオススメします。

●眉頭同士の距離が近すぎる／遠すぎる

どちらにもプラス、マイナスの側面があります。

●眉が細すぎる・太すぎる・毛にバラツキがある

いずれもマイナスの印象です。

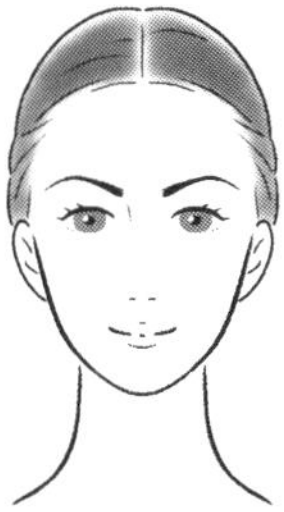

アーチ眉

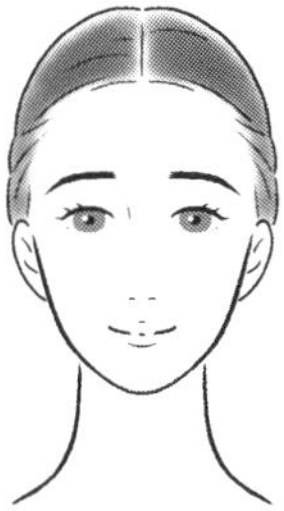

下がり眉

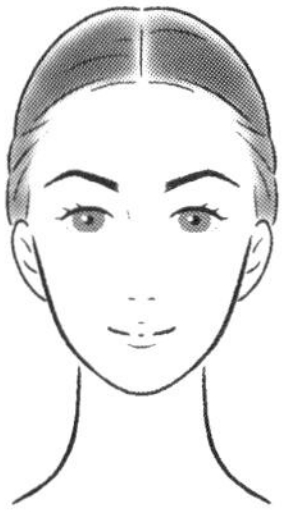

眉山が高すぎる眉

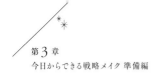

分析ポイント4 顔の色素

色の白いは七難隠さず⁉

昔から、「色の白いは七難隠す」と言われ、また、今でも、美白が大流行ですが、ビジネス的には、必ずしも白ければいいというわけではなさそうです。

チェック方法

お肌の色が白く肌が透き通ったように見える、瞳の色が茶色い、髪、まつ毛、眉毛の1本1本の毛の太さが細い方は「色素が薄い」方です。

逆に、お肌の色がしっかりとオークルで、瞳が黒く、髪、まつ毛、眉毛の1本1本が太くしっかりしている方は、「色素が濃い」方です。

この、色素の薄い、濃いは、骨格や性格など他の要素に引っ張られて自己認識を間違えてしまう方も多いので、単純に肌の色素や毛の太さなどをチェックするようにしてください。

印象

◉色素が薄い／濃い

「もっと頑張りたい」「もっと責任ある仕事を任せてほしい」と思っているのに、それがなかなかかなわない、という方に多いのが「色素が薄い」方です。

逆に「色素が濃い」方は、メイクをすると、大輪の花のようなパワーが感じられるので、本来の内面がおとなしく素朴な方は、印象のズレに苦しむことがあります。

分析ポイント5 その他重要ポイント

「美容」の基準と「戦略メイク」の基準は違う！

◉肌質（カラー診断／状態）

お肌の状態も大切なポイントではありますが、「美容」の基準とは全く違うと考えて大丈夫です。「美容」を基準に考えれば、シミ、シワのない、ぷるっとした若々しいツヤ肌であればあるほどいい！　と考えてしまいます。もちろん、それはそれでいいのですが、ビジネスにおいては、年齢相応にシミがあっても、シワがあっても、それがマイナスの印象につながることはあまりありません。

むしろ、たいしたことのないシミを気にしすぎて、コンシーラーで隠したり、ファンデーションを厚塗りしたり、シワを気にしすぎて無表情、などということがあれば、そちらのほうが印象に悪影響を与えます。**そのメンタリティが、「自信のなさ」や、「不安定感」となって伝わってしまう**のです。

極端に肌が荒れている状態は、ネガティブな印象を与えてしまいますが、ビジネスシーンでは、そのような状態ではなく、それなりに健康的であればそれでOKです。

◉上がり目／下がり目　◉輪郭　◉唇

チェックシートをご覧ください。

＊＊＊

以上が、「造形的要素」「現状のヘアメイク」の分析です。

ここで、声を大にして申し上げたいのは、チェックシートで×がついたところは、**「あなたのダメなところ」ではないということです。そこは、本来のあなたの「能力・魅力」が伝わりにくくなってしまっている「ズレ」の部分です。**

能力も高く、人間性も素晴らしい、「あなた」の本当の「内面」が「伝わる」メイクを、第4、5章でじっくりご紹介しますので、どうぞご安心ください。

STEP4

キーパーソンを知る

STEP2（119ページ）で、キーパーソンを特定していただきました。
あなたの「理想の未来」をかなえるために必要なことは、そのキーパーソンが、「YES！」と言うこと。「YES！」と言わせるためには、キーパーソンの「脳内妄想ストーリー」を「知る」ことが重要でした。キーパーソンは、一体何を妄想しているのでしょうか……。

キーパーソンを「知る」ために必要な「2つの視点」のお話をさせていただきますが、その前に……。

実は私は32歳のときに、離婚を経験しています。
新婚当初は仲睦まじく本当に幸せを感じていましたし、旦那さまのことが本当に大好きでした。数年が経っても、好きな気持ちに変わりはなかったのですが、「喧嘩」

や「文句」「イライラ」が増え、「関係性」がどんどん悪化していってしまったのです。仲良くしたくても、どうしたら仲良くできるのかわからないまま、未来に希望を見出せず、10年後に泣く泣く「離婚」を選択しました。

あまりにも辛く、あまりにも悲しかったので、心の救いを求めて「カップルカウンセリング」で有名な臨床心理士の先生のもとに通いました（1人で。笑）。

そのカウンセリングの中で先生は私にこんなことを言ったのです。

「玲香さん、あなたはもしかしたら旦那さまのことを、本当の意味では知らなかったのかもしれませんね」

それは、それは、もう‼　天地がひっくり返る！　くらいの衝撃を受けました。

「え？　せ、先生、何をおっしゃっているんですか？　私、旦那さまのこと知っています！　知っているに決まっているじゃないですか‼　だって、10年間、一緒に生活していたんですよ！」

ですが、専門家である先生から、**心理学的に、〝本当の意味で、人を「知る」ために必要なこと〟**を聞いたとき、「私は元旦那さまのことを、本当の意味では知らなかった」と認めざるを得ませんでした。

そのときに教えていただいたのが、次の「2つの視点」です。

この「2つの視点」はパートナーに限らず、「人」を本当の意味で「知る」ために必要な視点になります。もちろん、**「キーパーソン」を「知る」ためにも必要不可欠な視点**です。

1つ目は「メタ認知的視点」
2つ目は「着ぐるみ視点」

順に見ていきましょう。

①メタ認知的視点

「メタ認知」とは、いわゆる俯瞰《ふかん》です。

鳥になったつもりで、空の上から客観的に「キーパーソン」と、その周りの状況を観察し、冷静に対象者の情報を集めます。たとえ、それが「ムカつく上司」だったとしても、自分のフィルターはいったん脇に置いて、こんなふうに描き出すのです。

◉43歳のとあるサラリーマン男性Aさん

- **個人的スペック**：43歳△△大学＊＊学部卒業。学生時代山岳部で、今でも年数回山登りをするのが楽しみ。週末は体力づくりのためにマラソンや筋トレをして過ごしている。
- **家族**：妻39歳、10歳の男の子、7歳の女の子の父親。家族仲は悪くはないが、子ども2人の教育と家事は専業主婦の妻がおもに担当している。
- **現在の会社&ポジション**：一部上場企業○○勤務、■■部部長、推定年収1200万円。
- **職歴**：同業他社からの転職で入社して15年。
- **キーパーソン**：彼の上司は、社内でも有名な豪快でマッチョな××統括部長。
- **今後**：本部や統括部内での■■部は主要な位置を占め、その中での彼の立ち位置は比較的優位、彼は今後、統括部長になっていくと、周囲も本人も思っている。

そして、その情報を元に、「上司として」ではなく、メタ認知的視点のまま、その男性をプロファイリングしていきます。

「こういう男性って、一般的にはこうだよね」とか、「こういう傾向がありそう」など、そこから想定されることを書き出し、「43歳のとあるサラリーマン男性Aさん」を詳細に、立体的に描き出すのです。たとえば――

たとえば、

△△大学か。地味で真面目な人が多い大学だね。しかも＊＊学部って優秀！　ものすごく勉強してきた人じゃないと入れない。ついでに山岳部なんて、硬派な部!!

そんな真面目な男性が、4歳年下の女性と結婚か。不器用なプロポーズしてそう。夫、父親としても不器用な可能性大。友達親子な感じというより、少し距離のあるお父さんというポジションかも。

仕事でもゴールを目指して黙々淡々と、諦めずに進むタイプなんじゃないかな。全く新しい施策に挑戦！　というより、地に足をつけて、実績を積み上げて結果を出すタイプなのではないかな。

などなど……。

これまでに生きてきた中で、見聞きしたり、分析したりした情報が、あなたの中にもあるはずです。その情報をもとに、プロファイリングをしていくのです。

対象者とは全く無関係な人のほうが、客観的で的確なプロファイリングができる可能性が高いため、社外の友人などに協力してもらうのもいいかもしれません。

「キーパーソン」をメタ認知的視点でプロファイリング

項目	情報	そこから想定されること
個人的スペック （年齢・体格・学歴など）		
家族など		
現在の会社・ポジション・ 社会的地位・年収など		
職歴など		
キーパーソンにとっての キーパーソン		
今後のキャリアプラン		
強み/弱み		
組織内での立ち位置		
その他		

もちろんプロファイリングの結果は、あくまでも「仮説」です。この「仮説」をもとにキーパーソンを観察したり、雑談などから情報を引き出したり、もちろん直接聞けるなら聞くなどして、この「仮説」を検証していくと、よりいいですね。

リアルな情報が多ければ多いほど、キーパーソンをより正確に「知る」ことができ、「脳内ストーリー」を精度高く想定できるようになります。

「キーパーソンに興味が持てない」と思うかもしれません。ですが、そこは自分の理想の未来のためと割り切って、しっかりと「知る」作業を行っていきましょう。

「メタ認知」を使ってプロファイリングしてみると、「私」目線というフィルターを通して見えていたキーパーソンとは、違った面が見えてくるはずです。

②着ぐるみ視点

さて、今度は2つ目めの「着ぐるみ視点」です。

先ほどメタ認知した、「とある男性Aさん」。**メタ認知状態からスーッと彼の中に入って、彼の着ぐるみを着たような気持ち**になってください。

「キーパーソン」が「ムカつく上司」などの場合、上司の立場に立とうとすると、どうしても感情が邪魔をしてしまいます。ですから、メタ認知した〝とある男性Aさん〟の着ぐるみを着るのがポイントです。

Aさんの着ぐるみを着て、そこから見える世界はどのようなものですか？　その世界をどのような感情を感じながら見ていますか？

次の図を参考に、その視点での気持ちを書き出してみましょう。

もちろんこちらも、雑談などからリアルな情報がつかめれば、より正確に「知る」ことができます。

「キーパーソン」の着ぐるみ視点で
彼の気持ちを書いてみましょう

「仕事の自信はあるけれど、自分とはタイプの違う豪快な上司に合わせるのに四苦八苦。降格させられないかビクビク」していることが感じられるかもしれません。

「子どもたちの教育費を考えると、もっと給料の高い会社への転職も視野に入れないと」と思っていることが感じられるかもしれません。

「ああ、また朝からヨメの文句……。あのヒステリーはどうにかならないのか」と毎朝憂鬱な気分なのを感じるかもしれません（毎朝イライラしているのは、部下の私に対してではなく、奥さまから文句を言われているせいかも⁇　と思えてホッとするかもしれません　笑）。

そして、「俺とはちょっと違うタイプの、明るくて親しみやすいタイプのヤツが課長にいると、バランスがとれるな。リーダーシップのある女性を抜擢すれば、豪快な統括部長からの評価もポイントアップしそうだな」と思っていることが感じられるかもしれません。

「着ぐるみ視点」を使うことで、相手をより深く、感情まで感じながら「知る」ことができると、相手の考えや気持ちの流れまで想像できるようになってくるのです。

あなたの「キーパーソン」の脳内妄想ストーリーは見えてきましたか？

「メタ認知的視点」「着ぐるみ視点」、これら2つの視点を磨けば磨くほど、彼の脳内妄想ストーリー上の「理想の○○像」が、より明確に、正確に想定できるようになります。

ちなみに、この視点を磨くことで、「興味のなかった上司・同僚」にも、興味を持つことができるようになった。それだけなのに、関係性がよくなった、といった声をたくさんの受講生さんからいただいています。

相手を「知る」ということは、相手からすれば、「自分を理解してくれている」と感じるということですから、好感を持たれて当然でしょう。

次に、キーパーソンが喉から手が出るほど欲しいと「妄想」しているであろう「理想の〇〇像」を詳細に書き出してみましょう。また、その「理想の〇〇像」が持つ価値観も書いてみましょう。念のため、7つの価値観を再掲しておきます。

①信頼感　②有能さ　③心身ともに健康　④親しみやすさ
③リーダーシップ（マチュア感）　⑥タフさ　⑦女性らしさ

ここで選んだ価値観と、113ページのワークで書いたあなたの持つ価値観の共通点こそが、あなたが「戦略メイク」を使って表現していく部分です！

あなたの「能力・魅力」のうち、相手が「見たい」と思う部分を、わかりやすく、相手に伝えていくのです。

もしもここで選んだ価値観が113ページのワークからは出てこなかったのなら、STEP1のワークにもう一度トライして探し出してみましょう。「ある」にフォーカスし、価値観に結びつく過去の経験を思い出してみてください。きっと見つかるはずです！

あるいは、これから身につける！　でもかまいません。未来の自分を先取りするつもりで表現していきましょう！

「キーパーソン」の脳内妄想ストーリーの「理想の○○像」は？

＊7つの価値観「信頼感」「有能さ」「心身ともに健康」「親しみやすさ」「リーダーシップ（マチュア感）」「タフさ」「女性らしさ」のどれが必要ですか？

●

●

●

婚活に用いるときは、ここだけ注意して!

婚活の場合も、考え方、手順は仕事と全く同じですが、一部異なるため、改めてステップをご紹介します。

STEP1　自分の魅力の棚卸し
STEP2　理想の未来を描き、パートナーとしてふさわしい男性像を描く
STEP3　自分の外見を分析する
STEP4　「理想の男性」を知る
STEP5　相手の言語で自分を伝える

STEP1 自分の魅力の棚卸し

まずは、あなたの人としての魅力、女性としての魅力をリストアップしていきましょう。目標は30個です！

「そんなこと言われても難しい」という方がとても多いので、見つけやすい方法を3つご紹介いたします。

①プライベートの年表を書く

キャリア曲線描きと同様、プライベートの年表を書いてください。その中から、

・自分自身が人との関係性で大切にしてきたこと
・男性との関係性の中で自分が大切にしてきたこと、自分自身が心地よく感じたこと、感謝されたこと
・人から褒められたこと

などをピックアップしていきます。

②「ダメなところリスト」をつくる

自分のダメなところなら、いくつでも言える！　という謙虚な方が多いので、この方法もオススメです。

ものごとはすべて表裏一体。あなたの目には「ダメ」と映っているところも、実は単なる「あなたの個性・特性」です。ひっくり返せば「あなたの魅力」。書き出した個性・特性の1つひとつを丁寧にひっくり返していきましょう。

例

・優柔不断　→　優しい、いろいろな面を見て判断する、慎重
・だらしない　→　おおらか
・すぐに落ち込む　→　振り返りができる、優しい、思慮深い　など

③「結婚生活」先取りリストを書く

結婚生活の中で心置きなく出したい自分の部分をリストアップして、「魅力」に書きかえていくのもオススメです。

例

・甘えたい　↓　甘え上手
・ゆるいところを許してほしい　↓　とってもおおらか
・お笑い番組大好きなのを理解してほしい　↓　笑いが理解できる、いつも笑っていたい　など

STEP2 理想の未来を描き、パートナーとしてふさわしい男性像を描く

117ページのワークシートの一番下のボックス**「直近でかなえたいこと」**は、婚活中の方にとっては、**「理想の男性と出会うこと」**ですよね（「今、おつき合いしている人と結婚する」という方もいらっしゃるかとは思いますが、そちらに関しては後ほど書きますのでお待ちください）。

まずはシートの、「家族」の部分についてしっかりとご自身を振り返り、**「理想の結婚生活・パートナーとの関係性」**について書いてみてください。

あなたにとっての「理想の男性」とは、その、**「理想の結婚生活・パートナーとの関係性」をかなえるためにふさわしい男性**です。

どんな男性となら、その「理想の未来」がかなえられそうですか？　次の項目に関して書き出して**「理想の男性像リスト」**をつくってみましょう。

理想の男性像リスト

①スペック

年齢、職業、年収、学歴、職歴、出身地、住んでいる地域、勤務スタイル、仕事に対する姿勢、今後の仕事の展望など

②性格

③価値観

人生で大切にしていること、自己評価の高いこと&低いことなど

④興味・関心

趣味、スポーツ、文系／理系、アウトドア派／インドア派、社会貢献活動など

⑤人間関係

家族構成（実家）、兄弟姉妹、家族仲、友人関係、社交性など

⑥ライフスタイル

1人暮らし／実家暮らし、住まいの好み、食事の好み、嗜好品、家事スキルなど

⑦パートナーシップ

結婚観、結婚の意志、結婚時期、理想の家庭像、パートナーとの関係性（対等？リードしたい？など）、パートナーとの過ごし方、経済負担（ご馳走したい派？割り勘派？）

私は、婚活講座も開催しているのですが、「理想の男性像」がご自身の「理想の結婚生活」とチグハグになってしまっている方がたくさんいらっしゃいます。

たとえば、自分の理想の結婚生活は、「夕食はなるべく家で一緒に食べる」なのに、「理想の男性像」が「海外を飛び回ってバリバリ仕事をしている、30代前半のハイスペックなグローバルビジネスパーソン」などのように。

そういう男性は出張が多くて家をあけがちなので、「夕食を家で一緒に食べる」はなかなかかないません。

「ハイスペビジネスパーソンだけど、管理部門などで比較的生活リズムが一定」とか、「40代以上のマネジメントクラスで、時間管理は融通が利く」などのほうが理想の未来はかないやすくなります。

たしかに、最初に書いた男性像は、若々しく、エネルギッシュでかっこいい！と思うかもしれませんが、「あなたの人生の主人公はあなた」です。お相手はあくまでも、あなたの理想の人生を、一緒にかなえていってくれる脇役さんだということを忘れないようにしてください。

STEP3 自分の外見を分析する

こちらはビジネスシーンでも、婚活でも全く同じです。

STEP4
「理想の男性」を知る

先ほど書き出していただいた「理想の男性像リスト」は「メタ認知的視点」からの情報です。

次に、もう1つの視点、**「着ぐるみ視点」**に立ってみて、リストのそれぞれの項目に対して男性本人がどう感じているか、考えているかなどを書き足していきましょう。

架空の人物ではありますが、実際に存在するかのように思いながらプロファイリングしていってください。部分的にでも近い感じの男性がお友達や同僚にいるなら、インタビューするのもいいですね！

それができたら、「そんな人生を送り、そんなことを感じ、考えている男性」がどんな女性を「理想の女性像（結婚相手）」として脳内で妄想しているのかを書き出してみましょう。項目は「理想の男性像リスト」と同じでOKです。

「キーパーソン」である「理想の男性」が思わず「YES！」と言ってしまう、喉から手が出るほど欲しい「理想の女性像」です！

この、**「理想の女性像」と、STEP1で書いた「あなたの魅力の棚卸し」リストとの共通点が、「戦略メイク」を使って表現していく部分**です！

あなたの「魅力」のうち、相手が「見たい」と思う部分を、わかりやすく、相手に伝えてあげるのです。

なお、STEP2の「直近でかなえたいこと」が、「今、おつき合いしている人と結婚する」の場合でも、まずは、そのお相手を対象に、このステップを踏み、戦略通りにメイクを変えてください。

それだけで、ダラダラとつき合っていた男性からプロポーズされた女性もいらっしゃいます。

それでも先に進まない場合には、メイク以上の方法が必要になってきますが、それに関しては、また何か別の機会にお伝えできればと思います。

本書は引き続き、ビジネスをメインの例にとって、「内面」を7つの価値観で表現していきます。ですが同時に、「戦略メイク」実践編の第5章では、それぞれの価値観が、婚活においてはどのような「魅力」として伝わるのかを「魅力キーワード」として追記いたします。

婚活において、あなたが表現していくべき部分の参考になさってください。

＊＊＊＊＊

ここまでお読みになって、あれSTEP5は？　と思われた方もいらっしゃるかもしれませんね。そう、この章の冒頭で記しましたように、STEP5は、「相手の言語であなたを伝える」ために、いよいよあなたの「戦略メイク」の実践です。ようやく、本書のメインです。

章を変え、次の第4章、第5章で丁寧にご指導いたします！

Column03

ビジネスメイクと婚活メイク

20代〜50代の男性34名に聞いてみました！

＊モデルさんの設定、ストーリーは、実際のお客さまのよくあるお悩みを元にして作ったフィクションです。写真はQRコードをご覧ください。

Aさま（27歳）

1　こちらの女性、Aさま（27歳）の「第一印象」についてお聞かせください。

①お仕事の部下だったらどう感じますか？

頼りない35・3％　真面目そう17・6％　優しそう17・6％　素直そう11・7％

②リーダーとしてチームでのお仕事をしたいとの希望を伝えていますが、なかなかアサインしてもらえません。外見の「印象」が原因の1つだとしたら、どんな部分だと思いますか？

第一印象が頼りなさげ／弱々しい20・5％　ヘアへの意識が不十分20・5％　眉14・7％

③結婚を前提としたパートナー候補としてはどう感じますか？

頼りない8・8％　堅実そう5・8％　可愛らしい5・8％　HAPPYな感じがしない5・8％

2　リーダーとしてチームでのお仕事をしたいという希望をかなえるために、彼女の内面「頭も良く、明るくてリーダーシップもあり、意志の強い女性」を外見に表現しました。

①内面は伝わりますか？

YES82・3％

②どんな女性に見えますか？

聡明20・6％　強さとやわらかさ14・7％　明るい11・8％　自立している8・8％　自信ありそう5・9％

③あなたが上司なら、彼女をアサインしますか？

YES64・7％

3「女性として大切に扱ってもらいたい」「頼りがいのある男性と出会いたい」という希望をかなえるために、彼女の内面「可愛らしく甘え上手な女性」を外見に表現しました。

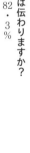

①内面は伝わりますか？

YES 35・2%

②どんな女性だと感じますか？

可愛らしい 14・7% 甘え上手 14・7% やわらかい感じ 11・8% 華やか 11・8% 芯が強そう 11・8% 清楚 5・9% 爽やか 5・9% 上品 5・9%

③あなたが婚活中なら彼女と結婚を前提におつき合いしてみたいと思いますか？

YES 58・8%

4 改めてBefore&After（お仕事&婚活）を見て、もしも何かコメントあればお聞かせください。

・どこを変えたかわからないのですが、ずいぶん印象が変わりました。

・3番目の写真を見た時に1番目の人と一緒？と思った。髪の雰囲気もあるが、眉や目周りの印象で伝わり方がだいぶ違いますね。並べてみると、3番目一択です。

・大きく変わったのは頼りなさ、自立心。人の良さはそのままに、欲する印象から、与える施すこともできる印象。何より幸せオーラが出ているのでモテるし、仕事でも重用されるのではないでしょうか。

・たしかに部品は同じように見えるが、特に明るさに関する印象はかなり変わったのに驚いた。

Leiko所感

概ね予想通りでした。もともと、とっても美人なAさん。「すごく可愛い方ですね！」「好みです！」という声がたくさんありました。

ですが、やはりBeforeは少し幼く頼りない「印象」に見えてしまいます。ビジネスでも婚活でも、すでに持っている内面のうち、「結果を手にする」のにふさわしい部分をわかりやすく表現することが大切。ひと目で伝われば、結果につながりやすくなります。

なお、ビジネスバージョンは「信頼感」を中心に、明るさ、意志の強さをメイクで表現しました。婚活バージョンは、そこにほんの少し「女性らしさ」を足しただけです。ビジネスと婚活のメイクにさほど大きな差はないことがおわかりいただけるかと思います。

第4章

今日からできる戦略メイク
基礎編

好印象2つの
万能ポイントで
ベースをつくる

お待たせいたしました！　いよいよ、最後のステップで、「相手の言語であなたを伝え」、欲しい未来を手に入れるためのヘアメイクを**実践**していきます！

前の章とも一部重なりますが、ビジネスでも婚活でも、**好印象を与える万能ポイント**とも言える要素から見ていきましょう。

これら2つの万能ポイント（5項目）を整えただけで、周囲のあなたを見る目、扱いが変わってきますので、これらをクリアするところからスタートしましょう。

好印象を与える　2つの万能ポイント

ポイント1　髪

A　髪色

B　質感

C　エッヂ

ポイント2　左右対称

D　眉

E　目

好印象を与える万能ポイント1 髪

好感度大の彼女は、スキンケアよりヘアケアに時間とお金をかけている！

①髪色は、アッシュ系のダークブラウン

3章でもお話ししましたが、ビジネスシーンでは、一部の環境を除いて、明るい茶色の髪、ニュアンスカラーは基本的にはよい印象は与えませんので、もし今、あなたがそういう髪色なら、**黒、または、トーン6、7程度のダークブラウン**にカラーリングしましょう。**赤み寄りでも黄み寄りでもないアッシュ系の落ち着いた色味**を選ぶと品が感じられます。

ヘナなどで不自然な「真っ黒」になっているようなら、自然な色味となるよう、他

のカラー剤に変えます。髪への負担を考慮するなら、オーガニックのカラー剤を使用している美容室もありますので探してみてください。

婚活の場合も同様です。理想の男性の年齢が20代前半、または華やかな業界の方の場合は明るい茶髪でもOKですが、恋愛相手には派手な女性を好んでも、「結婚」となると、とたんに保守的になるのが男性です。ダークめにしておいて損はありません。

②質感には、艶を出すヘアケア、4つの方法をお教えします

髪のツヤは好印象に欠かせませんが、かといって、シャンプーのCMのようなまばゆいばかりのツヤツヤヘアを目指す必要はありませんので、ご安心を。**「乾燥やダメージによるパサツキがない」**だけで、ビジネスでも婚活でも、充分に「健康的」「清潔感がある」印象を与えられますので、そこを目指していただければOKです。

これから、髪のパサツキをなくし、自然で健康的なツヤを出すためにカンタンにできる**「プロの技」**をご紹介しますので、できるところからやってみてください。

髪をツヤツヤにするヘアケア、最重要4つのポイント

❶タオルドライは優しく押さえるのがポイント！

ご存知の通り、髪の表面には、ウロコのようにキューティクルが並んでいます。このキューティクルが、きれいに揃って下を向き髪に密着することで、髪1本1本の表面が凹凸のないなめらかな状態になります。なめらかな髪の表面が、光を反射することで「ツヤ」が生まれます。

シャンプー後のタオルドライの際に、髪を乱暴にタオルでこすってしまうと、キューティクルはさかむけ、ひどいときには剥がれてしまいます。剥がれた部分は凹となり、ツヤが出ないのはもちろんのこと、そこから水分が蒸発し、乾燥してバサバサになってしまいます。

どんな長さのヘアでも、シャンプー後、髪の水気を軽く切ったら、まずは優しく、上から下に手ぐしでとかしてください。キューティクルがしっかりと下を向いて揃い、髪に張り付いた状態が最初につくられます。

その後、ショートヘアなら、タオルで頭を包んで上から押さえる、ロングの人なら、毛束をタオルで挟んでポンポン叩いて、髪の水分を拭いましょう。

それだけで驚くほどツヤが出た！　という声もたくさんいただいていますので、ぜひ今日からやってみてください！

❷ドライヤーは根元から毛先に向かって！

ドライヤーに関しても同様です。風をあちこちから当て、髪の毛が飛び散った状態にしながら乾かすと、たしかに速く乾きます。ついついやりたくなりますよね。でも、これも、キューティクルがさかむけたり、剥がれたりする原因となります。

必ず、キューティクルが閉じて髪に密着するように、**髪の根元から毛先に向かって風が当たるように**、ドライヤーの向きを調整して乾かしてください。

こちらもそれだけで、劇的にツヤ髪になった方がたくさんいらっしゃいます。乾かすのに少し時間はかかりますが、2、3分の違いです。ぜひやってみてください。

ちなみに、ある程度乾いてきたら、**少し髪にテンションをかけ、下の方向にひっぱりながら乾かし、最後に冷風で仕上げると、さらにツヤが出ます。**

❸美容室での髪質改善トリートメントや縮毛矯正ストレートパーマ

生まれつきのくせ毛、縮れ毛などは、たとえ実際には健康毛であったとしても、髪の表面が光を乱反射し、ツヤが出にくいものです。「生まれ持ったものを大切にしたい」という気持ちはとても素敵ですが、「パサツキ」に見えてしまうようなら、なんらかの手を打つことをオススメします。

ストレートパーマもいろいろあり、日々進歩しています。多少コストはかかりますが、**ツヤが出るうえに、日々の手入れが劇的に楽に**なりますので、一度挑戦してみてください。

もしも、どうしても生まれ持ったものを大切にしたい、本来の毛質に手を加えるのに抵抗がある、という場合は、スタイリング剤を使ってツヤを出す、タイトにまとめるなどして、表面や毛先が「パサついた」印象にならないようにしましょう。

❹ツヤ出しヘアスタイリング剤

痛みや乾燥などでツヤが出ない場合には、ツヤ出しを目的とした、ワックス、バーム、オイルなどのヘアスタイリング剤を使うのも1つの手です。

ごく少量を手のひらにとり、両手を合わせて体温でしっかり溶かしてください。溶けてダマがなくなったら両手を擦り合わせて、指先にまで広げましょう。

その後、両手をクシのように使って、**まずは毛先から毛の真ん中あたりの範囲につけていきます。**軽い力で何度もとかしながら、手のスタイリング剤を、少しずつまんべんなく髪に移していくイメージです。

スタイリング剤が均等に行き渡ったら、次は**毛先を両手で挟んで毛先をまとめる**ようにつけましょう。

最後は「もう、ほとんど残っていない！」くらいの、**ごくわずかなスタイリング剤を、顔まわりと頭頂部に**つけてください。

表面にベタっとついて髪が固まりになってしまったり、白い「ダマ」が髪にくっついてしまったりしないようにご注意を！

③エッヂは、キレイに整え、前髪が顔にかかりすぎないように

3章でもお話しした通り、髪のエッヂは「印象」にとても大きな影響を与えます。ネガティブな印象をポジティブな印象に変えるための、最低限のテクニックを身につけましょう。

髪のエッヂを整えるヘアケア、最重要4つのポイント

❶アホ毛は、スタイリングスティックかスプレーで

硬い〜普通くらいの毛質、毛量の方には、スタイリングスティックがオススメです。スタイリングスティックは、硬い固形状のものや、マスカラ状のものがあります。固形のものも、手に取らずに、そのまま使用してください。

いずれの形状のものも、絶対に**頭頂部の髪に「圧」をかけない**ように。そっとボリュームを潰さないよう、表面だけを撫でるイメージでつけます。
毛質が細い、毛量が少ない方は、ふんわりスタイリングできるタイプのヘアスプレー**（×スーパーハードタイプ）**を使いましょう。ごく少量、ふわっと頭頂部にスプレーし、アホ毛を撫でつけます。こちらも「圧」は絶対にNGです。

❷後頭部の潰れ・ゴム跡、不揃いな毛先

朝起きたときに寝癖がついているようなら、濡らしてとりましょう。髪の根元と地肌をしっかり濡らしてブローし直します。

なお、ときどきお見かけするのが、朝、通勤電車の中でついてしまったんだろうなという寝跡。もたれて寝てしまうと再び跡がついてしまいますので、お疲れかとは思いますが、通勤中の居眠りにはお気をつけください。

ゴム跡はいったんついてしまうと、会社でとるのは難しいです。水で軽く濡らしておけばとれますが、湿った髪で仕事をするというのも、「プロフェッショナルではない」印象となってしまいます。一度ゴムで結わえたら、その日はそのスタイルで過ごしましょう。シンプルで上品なヘアカフなどでゴムを隠すとチープな感じがしません。

ちなみに、大きなヘアクリップ、バナナクリップなどは、「おうち感」や「単純作業をする役割」の印象を与えてしまうので、ビジネスシーンではオススメしません。

筆先のような先細りのロングヘアになってしまっているなら、美容室で「毛先にまとまり感を出したいので、すかないでほしい」としっかり伝えてください。量が多いとすきたくなるのが美容師さん。「すかないで」としっかり伝えるのが正解です。

また、長さを伸ばしている途中でもせめて2カ月に1回は、美容院で「伸ばしたい」ことを伝えた上で、毛先を揃えてもらってください。

❸顔まわり・首まわり・前髪

触覚のように両頬に髪がかかるようなカットにされているなら、それがなくなるように変えてもらってください。

まとめ髪の際は、**顔まわりのおくれ毛はすべてすっきりとスタイリング剤でおさめて**しまいましょう。実は、むしろそのほうが、全身でのバランスもよくなり、輪郭のラインがはっきり見え、**スッキリ痩せ小顔に見える**のです。

まとめ髪で時間が経つと、顔まわり、耳まわり、首まわりにポワポワと細かい毛が出てくることがあります（やつれ毛）。お手洗いで鏡を見るたびにチェックして、出ているならスタイリング剤でおさめてください。

硬い髪～普通の方には↓まとめ髪用スタイリング剤（ジェル、クリーム、ワックス、スティックなど）＋スプレーorムース。

髪が少ない、細い方には↓やわらかめのスタイリングスプレーがオススメです（×ハードタイプ）

ムースはコームに少量出し、毛流れに沿ってピタッとなるよう撫でてください。**スプレーも髪ではなくコーム側に吹きかけて撫でます。**

❹前髪

前髪は、次の3つのどれかに。

①ほどよい量で眉に少しかかる長さに切り揃えた前髪

②斜め前髪

③おでこ出しスタイル

切り揃えた前髪、斜め前髪は、美容室でのカットの際に、ビジネスシーンで「真面目」「信頼できる」印象を与えたいことと、量や長さなどを伝えてください。しっかりと**「個性的すぎる感じにならないように」**とも伝えてくださいね。

おでこ出しスタイリングに関しては、かき上げただけで、きれいにおでこが出てくれる方もいますが、そうではない方も多いです。

硬め／太め／量が多い／生え癖がある／長さが中途半端などの場合は、**おでこの毛の根元に方向付けづけ**が必要です。根元を濡らしてドライヤーで方向付けした後に硬めのワックスやスプレー、ムースなどでホールドしてください。

好印象を与える万能ポイント2　左右対称

眉と目を左右対称に見せるだけで、劇的にポジティブな印象に！

3章でもお話ししましたが、左右非対称なお顔は、ネガティブな印象につながりがちです。したがって、メイクのポイントは、できるだけ顔を左右対称に近づけることで、ポジティブな印象を生み出すことにあります。

重点ポイントは、「眉」と「目」です。この2箇所を左右対称に近づけるべく「調整（Adjust）」しましょう。

眉に関しては、

・右を描いて左を描いて、また右を描いて……、とやっているうちに、よくわからなくなってしまい、諦めて下手な眉のまま出かけてしまいます。

・面倒くさいからもう眉は諦めて「私はナチュラル眉派」と言い張っています。
・下手だから前髪で隠すことにしました。
といった声をよくお聞きします。

実は、左右非対称な眉を対称に描くのは、プロにとっても本当に難しいこと。一般の方々にとって難しいのは当然なのです。
そんなみなさまのために!! 実はワタクシ、長年の経験と試行錯誤の末、「一般の方が簡単に左右対称眉を描く」ことができる方法を編み出してしまいました！ ので、その方法をお教えします。

左右対称のベーシック眉は、ビジネスでも、婚活でも、好印象を与えられるだけでなく、美女度も劇的にＵＰさせます！ また、眉を隠す必要がないため、ヘアスタイル選びの自由度が高くなりますので、ぜひマスターしてください！

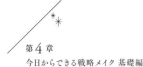

①眉
左右対称の眉をつくる一生ものの「左右対称ベーシック眉」術

A 描いている最中、常に、絶対に、守るべき5つのポイント

❶不機嫌そうな真顔で描く

目をぱっちりあけ、可愛い顔で鏡に映りたくなるのが、乙女心。ですが、そうすると、おでこ、眉の筋肉に力が入って、「地面」が動いてしまいます。「地面」がずれた状態では、当然、左右対称には描けません。

いったん目を閉じて、そこからまぶたの力だけでそうっと目をあけてください。眉やおでこの筋肉は動かさないで。そうすると不機嫌そうな真顔になるのですが、それがいいのです！

その表情をキープしたまま描いてください。

❷鏡を2つ使う

コンパクトに付属している小さな鏡だけを使って、眉を描いていませんか？ それでは絶対に左右対称の眉にはなりません。

1つは洗面所などの壁にかかっている大きな鏡、もう1つは手元の小さな手鏡。2つの鏡を使って描きましょう。

❸大きな鏡と顔は平行にし、距離をキープ

大きな鏡は左右のバランスを見るための鏡です。顔は鏡に対してつねに真正面、平行をキープしてください。目玉を動かさなくても左右のバランスが見られるくらい、鏡から離れましょう。

眉の線を描くときには、この大きな鏡を見ながら描きます。遠くて不安かもしれませんが大丈夫。もう何十年も（笑）眉を描いているので手はちゃんと動いてくれます。

❹細かいチェックは手鏡で

手鏡は、いらない毛をトリミングしたり、塗りムラがないか、線が目立ちすぎていないかなど、細かい部分のチェックをするために使ってください。あくまでもチェックのための手鏡です。「描く」ときは必ず大きな鏡を見てください。

❺生えている毛に目を騙されない・顔の凹凸に手を持っていかれない

非対称の眉を左右対称に描くので、毛の生えていない部分に線を描く箇所もあれば、生えている毛の中を線が通る箇所もあります。ですが、ついつい生えている毛に目が騙されてしまうもの。そして顔の凹凸に手が持っていかれてしまいがちです。

これらは線が不安定になってしまう原因となりますので、「生えている毛に目が騙されない・顔の凹凸に手を持っていかれない」よう常に意識してください。

最終的に真正面から見て左右対称に仕上げることを目指して、「今、描いている線だけ」に集中して描くようにしましょう。

B　道具

点を打つ、**枠線を描くペンシルは、芯が1・5ミリ以下の繰り出し式**のもので、色がしっかりとつき、かつ、ぼかしやすいものを使用してください。

全体を描くものは普段ご使用のものでOKです。

透明な20〜30センチの定規があると便利です。位置や高さを確認するのに使うと、かなり正確な左右対称眉が描けます。肌に対してペタッと平行に当てるのではなく、垂直に立てて使うとより使いやすいでしょう。

C　左右対称の眉を描く3ステップ

前述の「5つのポイント」を、眉を描いている最中、呪文のように唱え、常に、絶対に守るよう意識しながら、描いていきましょう！

まずは左の図の**①眉頭の位置、②眉山の位置、③眉尻の位置、④眉頭と眉尻の高さ、**について一通り確認してください。そして、次の3ステップで描きます。

STEP1　4つのポイント（眉頭の上・眉頭の下・眉山・眉尻）に「点」を打つ。
STEP2　その4つの「点」を線で結ぶ。
STEP3　それを目安に普段どおりに描く。

ちなみに、眉とアイメイクの順番は、必ずアイメイクが先、**眉が後**です。**アイラインを引いた場合、「目尻」とはアイラインの先端になります。**それに伴い、眉尻はかなり外になります。また、併せて、眉山の位置も少し外にずらすようにしてください。

STEP1

最初に、左右どちらかの眉（左右対称ベーシック眉にデザインが近いほう）を「A眉」とします。そのA眉に、大きな鏡を見ながら、4つの点を打っていきます。

眉のゴールデンバランス

①眉頭の位置
目頭の真上

②眉山の位置
白目の終わりの真上
眉頭から約2/3のところ

③眉尻の位置
小鼻と目尻を結んだ延長線上

④眉頭と眉尻の高さ
水平な一直線上

⑤眉の下側の角度
10度が標準

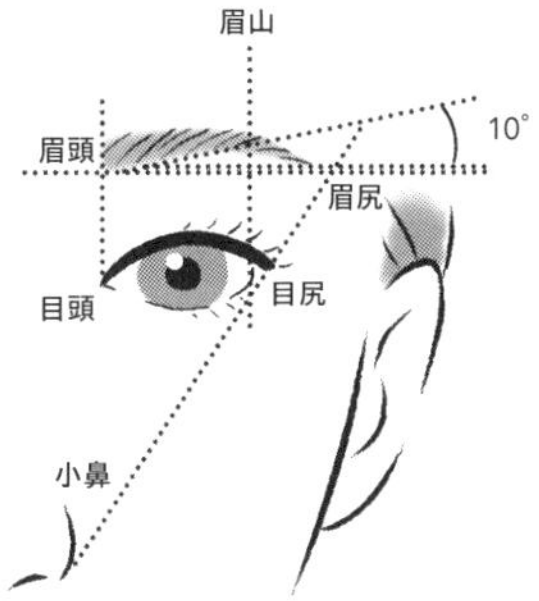

4つの点とは、眉頭（上）、眉頭（下）、眉山、眉尻です。

眉頭の太さと眉山の高さについてよくご質問をいただきますが、**眉頭の太さは7〜9ミリ程度、眉山の高さは、眉頭の上と同じ〜1ミリ高い程度**です。

A眉に点を打ち終わったら、左右が同じ高さになるように気をつけながら、反対側の「B眉」にも、同様にして4つの点を打ってください。両方の眉に点が打てたら、大きな鏡で、左右対称に打てているかをしっかりと確認し、ズレているようなら修正してください。

STEP2

次に、A眉の4つの点と点をつないで、枠線を描きましょう。このとき、線があまりにも直線すぎると、ゴルゴ眉になってしまいます。直線と曲線の間くらいの、自然な丸みを意識してください。

下のラインは、まずは眉山と眉尻の1／2のところ（a）からスタートして、**眉頭の下の点（b）に向かって線を描き**、最後に下に少し書き足すと、きれいな形にできあがります。

B眉も、同様に描きます。A眉と左右対称のかたちになるよう。描き終えたら、大

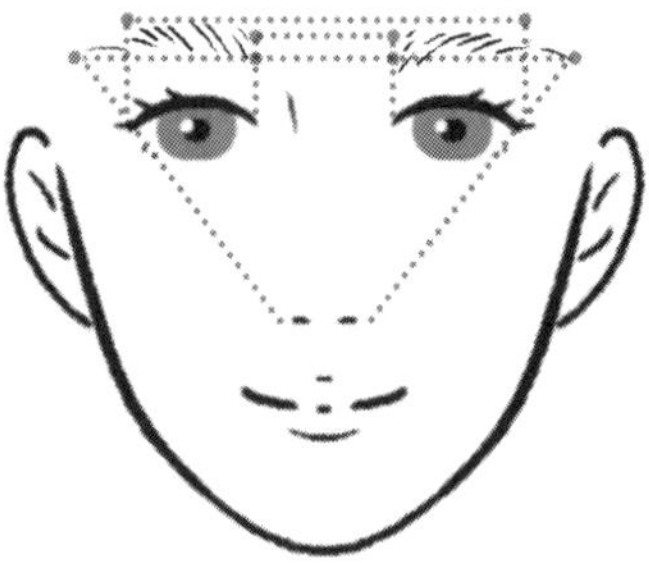

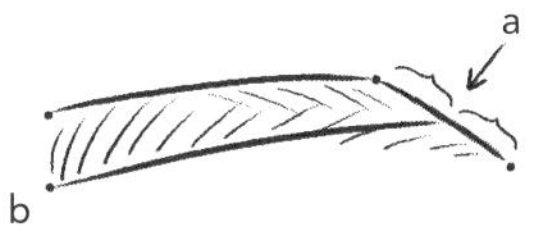

きな鏡で左右対称を確認し、ズレているようなら修正します。

左右対称な枠線が描けたら、**枠線から出ている不要な毛をトリミング**します。

ハサミ、毛抜き、電動シェーバーがあると便利です。眉の上のラインはシェーバーで、下のラインの外側はハサミで、内側はシェーバーで。まぶたに生えている毛や、眉間など、もう生えてこなくてもいい部分は毛抜きを使いましょう。

STEP3

両眉の枠線が仕上がったら、それを目安にしていつも通りの方法で描いてください。せっかく書いた左右対称の枠線からはみ出さないよう

きれいな仕上がりとは？

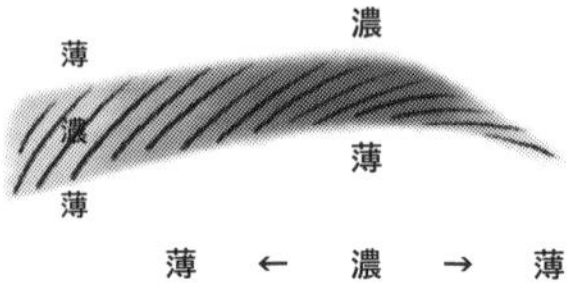

＊点・枠線が残っていない
＊自然なボケ感
＊自然なグラデーション

気をつけて。

そして、最後に仕上げです。点が残っている場合には、**綿棒やスクリューブラシで消してく**ださい。枠線がはっきりしすぎている場合には、スクリューブラシで軽く複数回叩くように押さえると、自然な感じでぼけてくれます。**決してこすらないように！**

可能であれば、眉に自然なグラデーションを出すために、**濃い色を眉山付近の中心に足しましょう。**

せっかく頑張って左右対称眉を描いても、仕上げが甘いと、すべてが台無しになってしまいます。最後のひと手間を惜しまずに、きれいな仕上がりを目指してください。

うまく描けない場合は、次の3つを疑ってください。
❶守るべき5つのポイント（186ページ～）を守れていない。
❷点・枠線を描くのに、芯の太いペンシルを使ってしまっている。
❸利き手から遠いほうの眉を描く際に、手首のスナップをきかせて描いてしまっている（この場合は、左右の手の動きを肘ごと動かすよう統一してください）。

②目

左右対称の目をつくるアイメイク、3つの要素攻略法

目に関しては、**「丸い印象の目」**と**「シュッとしている印象の目」**という**左右差がほとんど**です。丸いほうの目をシュッと、シュッとしたほうの目を丸くメイクしていくことで左右差を埋め、左右対称な目の印象に近づけることができます。

「アイシャドウ」、**「アイライン」**、**「まつ毛の向き」**の**3つの要素**を使って、少しずつお互いのイメージを近づけていきましょう（208ページ基本テクニック集参照）。

目をシュッとさせるには、アイシャドウ、まつ毛の向きを、外に外に向かって広げるイメージでメイクしてください。

マスカラは、ブラシを斜め上にスライドさせるように動かしてつけましょう。

アイラインは長めに引いてください。目が丸く見えてしまわないよう、**目尻以外はまつ毛の間を埋めるだけ**で。

目を丸くさせるには、アイシャドウを丸く上に向かってぼかします。**まつ毛も中心を意識して上に向かって上げ、マスカラのブラシを縦に動かす**イメージで。

アイラインはまぶたにも幅を出して描き、長さは控えめにしてください。

なお、左右対称について、根本的にどうにかしたい、人の手を借りたい、というのであれば、**眉アートメイク**もオススメです。毛1本1本が生えているような「自然さ」と「左右対称」にこだわっているサロンを選ぶといいと思います。

顔を左右対称にするための顔トレや、骨格矯正などもぜひ試してみてください。

第4章

今日からできる戦略メイク 基礎編
好印象2つの万能ポイントでベースをつくる

Column04

今すぐ変えて！NGメイク

「○○は使っても大丈夫ですか？」というご質問をよくいただきます。

まずは、私が、ビジネスでも婚活でも、**現状では、基本NG！**とお伝えしていることをご紹介します。

①リキッドアイライナー

リキッドアイライナーは、にじみにくいので便利。ついつい使いたくなってしまう気持ちはよくわかります。ですが、基本NGです。

理由は、お肌の上にツヤのある線がいきなり乗っている状態というのは、ナチュラルなお顔ではあり得ません。そのため、とても不自然な感じがしてしまうのです。

私はこれを、「いきなり感」「マイケル・ジャクソン感」がある、と言っています。マイケルのアイラインって、白いお肌に黒々としたラインがいきなり乗っていて、とっても「不自然」ではないですか？　大袈裟に言えばあの感じです（ファンのみなさま、気を悪くされたらごめんなさい。私もマイケルは大好きで、今でも尊敬しています）。

この**「不自然感」が、ビジネスシーンでは、「信頼」と真逆の印象を与えてしまいます。ご注意ください。**

ペンシルライナーだとどうしても目の下についてしまう方や、化粧直しの時間がどうしてもとれない日などは使っていただいてもかまいません。

ただし、アイラインの上辺、色の境界線を、小さな平たいブラシなどで撫で、ぼかして馴染ませてください。「不自然感」を多少和らげることができます。

また、プレゼンテーションなどで、「気合い」を入れたい日などにもOKですが、この場合も同じくぼかすことを忘れずに！

色は、黒は絶対にNGです。必ずダークブラウンを選びましょう。

②ブルー、グリーン、パープルカラーと粒の大きなラメアイシャドウ

これらも、日本人の顔の中には、ナチュラルにはあり得ない色・質感です。リキッドアイライナー同様、**「信頼感」を失う結果になりますので、ご注意ください。**

③まつ毛エクステンション、カラーコンタクト

いわゆる、マツエク、カラコンですね。

正確に言えば、マツエクに関しては、それ自体はOKなのです。マツエクの何が問題かというと、長さ&質感選びとメンテナンス。

上質で自然な長さのものを、ナチュラルにつけ、こまめにメンテナンスできるのならOKなのですが、実際には、質感が安っぽい、長さが不自然に長すぎる、まだいける！　とメンテナンスを先延ばしにしてバラバラになっているなどの方がほとんど。

そうなると、「フェイク感」「チープ感」「幼い」「だらしない」「清潔感に欠ける」などの印象につながってしまいます。そのため、私は「基本NG」とお伝えしています。

カラコンは、目の色を変えず瞳を大きくするだけのものでも同じことです。「不自然」さから「フェイク感」が出てしまい、**「信頼」とは逆の印象を与えてしまいます。**

「フェイク」というなら、マスカラだってフェイクでしょう？　どうしてマツエク、カラコンはNGで、マスカラはNGじゃないのですか？　と思うかもしれません。ですが、実はこれには明確な理由があります。

理由は、**社会的認知度**の違い。

マツエク・カラコンは、世の中に誕生してまだまだ日が浅く、一般的には、人々の目に「慣れていない」状態です。女性の目から見ると、だいぶ浸透しているように感じるかもしれませんが、ビジネスシーンや男性にとっては、まだまだ「見慣れない」「不自然」なものなのです。

一方でマスカラは、かなり長い間、女性のメイクアイテムとして使用されているので、ビジネスシーンでも、比較的「見慣れた」ものとして受け入れられています（ひじきレベルのつけすぎはNGですが）。

マツエクやカラコンも、20年後くらいには、社会的認知度が上がって、OKになるかもしれません。

Column05

メイクはメリハリ！ 手の抜きどころ、手のかけどころ

「メイクが面倒くさい！」という声は、ほんとうにたくさんお聞きします。たしかに忙しい女性にとっては、朝の時間は貴重。ついつい「時短」したくなってしまいます。

ただ、せっかく「戦略メイク」を取り入れたのに、「時短」という名のもとに、どんどん手抜きが加速して、あっという間に元通り！　では、**あなたの能力が「伝わらない」状態に戻ってしまいます。**そんなことにならないために、手の抜きどころ、かけどころについてお話ししたいと思います。

手の抜きどころ

①ファンデーション

お肌の状態がよければ、という前提ですが、ファンデは手を抜いてもOKです。

「美しくなる」ためのメイクであれば、「リキッドファンデーションで、丁寧にスポンジで叩き、パウダーをのせて……」とお伝えするのですが、ビジネスシーンでは、究極、ノーファンデでもかまいません。

ただし、日焼け止めはお忘れなく。そして、変なテカリがあると疲れて見えますので、あるなら、パウダーなどで押さえましょう。また、チークやアイシャドウのムラつきの原因になるので、ベタベタした状態なら同様にパウダーをのせてください。

プレストタイプのファンデーションを使うのであれば、ブラシを使ってつけましょう。肌に圧を感じない、やわらかくパラついた感触のものがオススメです。鼻周りからスタートして、顔の中心から外に向かって、ブラシを軽くくるくる動かしながら、つけてください。

ただし、婚活の場合、通常のデートなどでは、よほどの美肌さんでない限りは、ファンデーションは塗ったほうがベターです、ファンデーションを塗ることで「よそ行き感」が出るのです。男性は、女性が少し頑張っておしゃれしていてくれると、とても嬉しいものです。

リラックスしたシーンでのデートの場合は、ビジネスシーン同様でOKです。

②まつ毛

マツエクはNGですが、まつ毛パーマはOK。ビューラーで上げるひと手間を省くためにはオススメです。

③髪質

美容室での、髪質改善施術は、朝のスタイリングの手間とストレスを、気持ちよく省いてくれます。縮毛矯正、髪質改善、トリートメントなど、プロの力を借りましょう。髪自体がきれいな状態になっていると、時間のない朝、適当にまとめただけでもきれいに仕上がります。婚活においても同様でＯＫです。

手のかけどころ

逆に**絶対に手を抜いてほしくない**部分をあげます。ビジネスでも婚活でも同じことが言えます。

④眉の仕上げ

左右対称の眉を描きましょうと言いましたが、「完璧に左右対称でなければ！」と思い過ぎなくても大丈夫です。むしろ、そこにばかりこだわりすぎて、「仕上げ」が甘くなってしまうと、**逆効果**。その代わり、最後の「仕上げ」のプロセスにはしっかりと手をかけて、「貼り付け眉」ではない、自然な仕上がりを目指してください。

---

⑤アイシャドウとチークの自然なグラデーション

アイシャドウもチークも、色の境目が線になってしまっていると、「だらしない」「品のない」イメージを与えてしまいます。自然なグラデーションを目指しましょう。アイシャドウのベースカラー、ミドルカラーは、チップではなく、枝豆大の丸いブラシを使うと自然で綺麗なグラデーションが作れます。

色の境目がはっきりしてしまっている場合は、優しい力で境目に沿って指で撫でてください。指先を境目付近に置き、軽い力で何度も往復させると自然にぼけてくれます。

チークも美しいグラデーションになるようにつけてください。

手の抜けるところは手を抜いてかまいません。ただし、かけるべきところには、しっかりと手をかける。

メイクはメリハリが肝心です！

第5章

今日からできる戦略メイク
実践編

価値観別
印象づくりを
マスターする

さて！　いよいよ「戦略メイク」本番です！

ところで、「戦略メイク」って何でしたっけ？　覚えていらっしゃいますか？

「戦略メイク」とは、あなたの能力・魅力などの「内面」が正しく「伝わり」、キーパーソンに「YES！」と言わせて、欲しい「結果」を手にするためのメイクです。

本書では、次の7つの価値観を「印象」として感じさせることで、あなたが伝わり、理想の未来をかなえることを目指しています。

これから、各価値観について、それぞれポイントを絞って、お伝えしていきます。3章での自己分析をもとに、今の自分に一番必要なものから、トライしてみるといいでしょう。

ビジネスシーンで与えたい「印象」7つの価値観

①信頼感

②有能さ

③心身ともに健康
④親しみやすさ
⑤リーダーシップ（マチュア感）
⑥タフさ
⑦女性らしさ

なお、婚活の場合は？　と内心気になっているあなた。

実は、これらの価値観の多くが、婚活シーンでも有効な印象でもあるのです。違いはほんの少し……。文中に出てきますので、お楽しみに！


本章では、2章でご紹介した「印象づくり（Impress）」のプロセスを、「ポイントはここ！」として、各価値観ごとに記載しています。

ですが、その前に、4章でご紹介した「好印象2つの万能ポイント」をおさえている、というのが前提です！　まずそちらをおさえたうえで、それぞれのアドバイスを活かしたメイクをしてください。

また、それぞれの価値観ごとに、「テクニック登場」として、2章でご紹介した、「ズレの調整（Adjust）」をするメイクテクニックをご紹介いたします。（＝「分析シート」で、×や△がついてしまった点）

212ページ以降の「ポイントはここ！」「テクニック登場」とともに、重複するテクニックは、次ページからの「基本テクニック集」にまとめました。

ほんのちょっとした違いで大きな違いを生み出すプロのテクニックですので、併せてご活用ください。

戦略メイク基本テクニック集

基本テクニック集①

アイメイク

1 基本

● **アイシャドウ**

❶ベースカラー（筆を使用）

❷ミディアムカラー（筆を使用）

❸ディープカラー（チップを使用）

すべてファーストタッチは★から
外に内に斜め外に、勾玉型の範囲に広げる

POINT

→アイラインはまぶたの線上ギリギリに、目尻は目のカーブの延長線上に

→まつ毛が放射状になるようにマスカラを塗る

2 シュッとさせる

● **アイシャドウ** 外に外にボカして広げていく

● **アイライン** 目の半分より外のみ、目尻は長めに引く

● **まつ毛** マスカラを横にスライドさせるように外に外に広げてつける

POINT

→ 左右の印象を揃えて対称に

→ 下がり目の「甘い」「のんびり」した印象をシュッとさせる。

（アイシャドウのベースカラーにオレンジを使う、インサイドにブラックを入れるのも〇）

3 丸くさせる

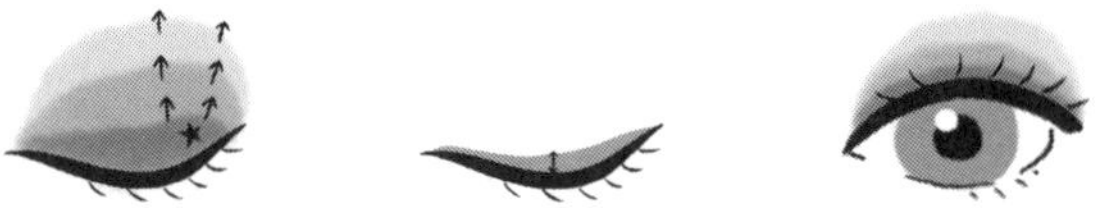

● **アイシャドウ** 縦に縦にぼかして広げていく

● **アイライン** 目頭付近から描くが、真中あたりを厚めに。目尻は短め、または出さない。

● **まつ毛** マスカラを縦を意識してつける

POINT

→左右の印象を揃えて対称に

→上がり目の「キツい」印象を和らげる

（アイシャドウのベースカラーにピンクを使う、アイシャドウのディープカラーやアイラインを使わない、マスカラを透明にするのも〇）

基本テクニック集②

チーク

1 基本

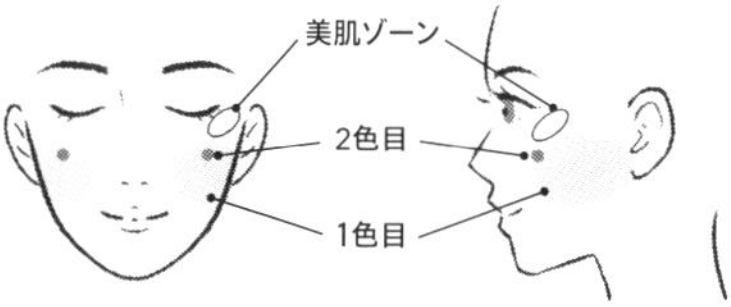

1色目の上下の範囲は美肌ゾーンより下、口角より上

チークトップの位置は笑った時に盛り上がるところ

- **ブラシ選び**

大きさ、形ともに「ピンポン球」に近いものを選ぶ

- **塗り方**

❶ブラシに色をとったら、コンパクトのフタなどでブラシをよーくトントンパフパフして粉をしっかりブラシに含ませる

❷1色目は耳穴前をスタートに黒目の下あたりまでブラシを床と平行に軽い力で何度も往復させて少しづつつける

❸2色目でチークトップをつくる。トップの位置にブラシをトントンさせた後、「のの字」を描くようにトントンしながら周囲にボカす

2色目は少し濃い別の色にするとグラデーションがさらに美しくなるが、1色目と同じ色でも◯

2 応用

- **1色目の塗り方で印象が変わる**

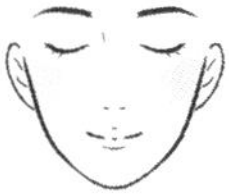

上めに斜めに入れる
「シュッとした」印象に

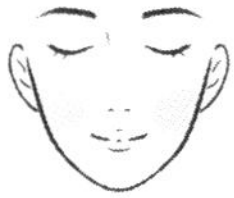

下めに入れる
「どっしり」した印象に

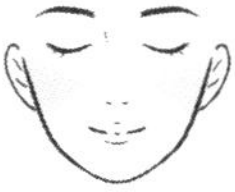

三角に入れる
丸顔を「シャープ」
「大人っぽい」印象に

- **2色目の位置で印象が変わる**

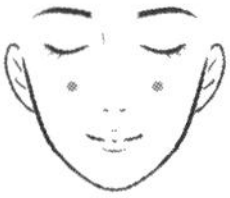

黒目の下あたり
「かわいい」
「あたたかい」印象に

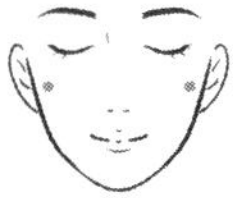

外側
「大人っぽい」印象に

基本テクニック集③

顔のバランス

求心的な顔の「キツさ」「神経質さ」を和らげる

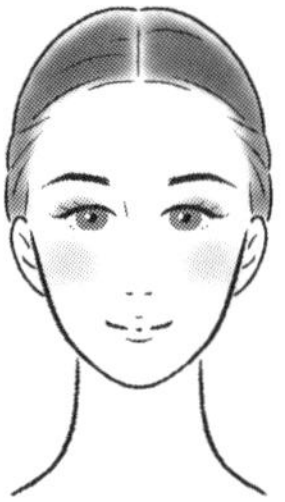

❶ アイシャドウ、まつ毛を外に外に広げるようにする。
アイラインは黒目の終わりから外側のみ 少し長めに引いて目を外に広げる

❷ 眉と眉の間を広げる
ゴールデンバランス（眉頭は目頭の上）となるよう、0.5〜1mmほど外へ

❸ アイシャドウのベースカラーやチークにピンクを使い全体のバランスで「優しい」「やわらかい」印象に

遠心的な顔の「のんびり」「間が抜けた」印象をキリッとさせる

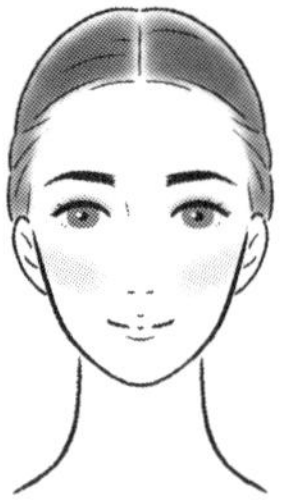

❶ 目頭からしっかりアイラインを入れる
（よりキリッと度を上げるならブラックのインサイドをいれるのも◯）

❷ 眉頭の間を近づける。
ゴールデンバランス（眉頭は目頭の上）となるよう、0.5〜1mmほど近づける。
（眉頭の下の点をほんの少し下げるとしっかりした大人の顔に）

❸ チークにコーラルを使う、シュッと入れる（基本テクニック集②）などして、全体のバランスで「シュッ」とした大人っぽい印象に

眉マスカラ

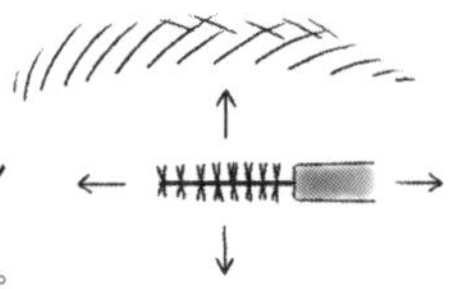

暗めのファンデーションのような色を選ぶ
×ツヤのあるもの／赤み・黄みの強いブラウン

❶ マスカラを容器の口でしっかりしごいて、
ブラシを上下左右に動かし、まんべんなくつける。
×地肌につけない

❷ 何もついていないスクリューブラシを上下左右に動かし、マスカラをそぎ落とす。
（白浮きしないようにしっかりと）
最後に流れを整える

☆ハイレベルなテクニックのため、しっかり練習してから実践！

基本テクニック集④　顔の形

逆三角顔

「信頼感」「心身ともに健康」「親しみやすさ」「リーダーシップ」「女性らしさ」が「伝わる」には「貧弱」「キツい」印象を和らげる必要あり

❶普段より一段明るいファンデーションを使う
❷アイシャドウ、チークにふんわり見える優しい色味を使う
❸テクニック集②「あたたかい」印象の入れ方で。さらに1色目をしっかりめに入れ、2色目は広めに入れる

タフさが「伝わる」には「貧弱」な印象を強く!!

❶アイラインをまつげの間を埋めるように強めに入れる(+ブラックインサイドも◯)
❷眉を強めのダークブラウンで太くしっかり描く

丸顔

「幼さ」をシュッと大人っぽく→基本テクニック集②

四角型・ベース型

「有能さ」が「伝わる」には、「安定感」「のんびり」した印象を、基本テクニック集②でシュッとさせる
「女性らしさ」が「伝わる」には、ヘアなどその他のパーツの印象づくりをしっかりめに!

基本テクニック集⑤　色素

色素が薄い

「弱々しい」印象を調整するべく、アイメイクも眉もしっかり強めに

❶「信頼感」「有能さ」「リーダーシップ」「タフさ」はブラックのインサイドアイラインも◯
❷「心身ともに健康」「タフさ」は、オレンジの肌色補正下地を使うのも◯

色素が濃い

「男性的」「強い」印象を調整

「親しみやすさ」「女性らしさ」が「伝わる」には、ピンクの補正下地・眉マスカラ(暗めのファンデーションのような色)を使用

基本テクニック集⑥　唇

唇が薄い

「神経質」「冷たい」印象を和らげる

「親しみやすさ」「タフさ」が「伝わる」には、ともにリップペンシルでオーバーリップ気味に輪郭をとり、ふっくらさせる。ただし印象によって色選びに注意!

唇が厚い

「おおらかさ」を和らげる

「有能さ」が「伝わる」には、唇の存在感を薄めるために、顔色が悪くならない程度に、肌に近い色味を使う(化粧品カウンターで目的を伝えて選んでもらうこと)

価値観#01 信頼感

ビジネスでも婚活でも、いちばん大事な「信頼感」が伝わるヘアメイク

信頼感

こちらでカラーイラストがご覧になれます

ビジネスシーンにおいて、最も重要な価値観とも言えるのが、この「信頼感」。この人に任せて大丈夫。真面目にしっかりと最後まで責任を持って仕事をしてくれる。そんな価値観が伝わる「印象」です。

①ポイントメイクをオレンジ系・コーラル系に

アイシャドウのベースカラー、チーク、リップなどのポイントメイクに、**「オレンジ系」または「コーラル系」の色を使い**ましょう。オレンジ系は、「真面目」「爽やか」「明るい」などの印象、コーラル系は「正統派」の印象を与えます。

・**アイシャドウのミディアムカラー、ディープカラーは品のあるブラウン**を使って、ナチュラルにグラデーションを作ります（**テクニック集①**）。**パールの「上品さ」が重要なので、ブランドコスメを**選んでください。粒の大きなラメは絶対にNGです。

・**アイラインはブラウンのペンシル**一択です。

・**チークはテクニック集②**参照。**自然なグラデーションで、ナチュラルに。**偏光パールやツヤが過剰なものはNGです。

②眉は、自然なベーシック眉。平行すぎず、眉山を上げすぎない。
ヘアはとにかくスッキリ、シンプルに！

セミロング以上であれば、顔まわりの髪は耳にかける、束ねる、ハーフアップにするなどして、顔をしっかり出しましょう。

テクニック登場！

分析シートで×や△がついたところは「テクニック集」の登場です！

❶求心的／遠心的なお顔は、バランスよくAdjust！
テクニック集③で求心的なら離し、遠心的なら寄せてバランスを整えてください。

❷色素が薄い人は「しっかり」顔にAdjust！
テクニック集⑤で弱々しさを「しっかり」した印象に。

❸逆三角の輪郭の人は、ふっくら感を
テクニック集④で貧弱さをふっくらと。芯を感じさせる印象に。

婚活でも「信頼感」は最も大切な要素のひとつ！

ただ楽しいだけの「遊び相手」ではなく、「結婚相手」としての魅力につながるのは「信頼感」。男性は社会的な生き物なので、無意識に「上司」や「尊敬するメンター」に会わせられる女性かどうかを見ています。ヘアは少し女性らしさや遊びがあるものをオススメしますが、メイクはビジネス同様の考え方でかまいません。

魅力キーワード

真面目　落ち着いている　しっかりしている
きちんとしている　お姉さんタイプ　大人っぽい

価値観#02 有能さ

スピード感、頭の回転が速そうな印象が、「有能さ」を伝えます

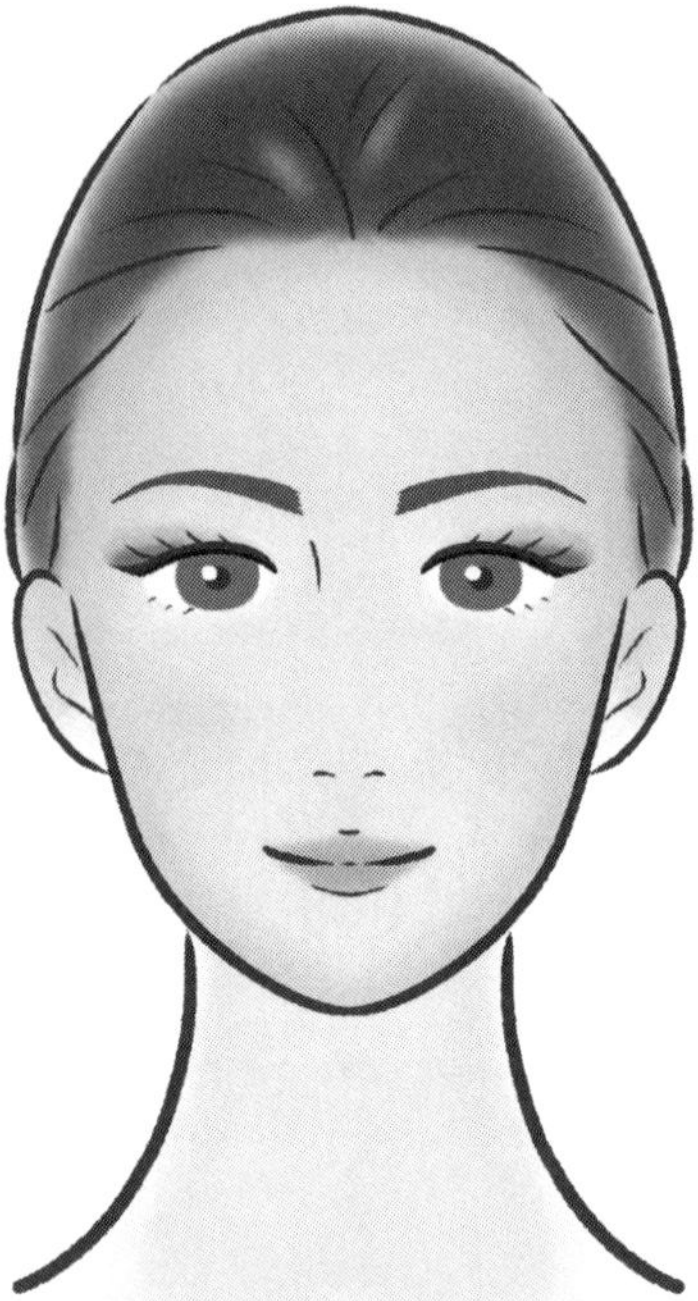

有能さ

こちらでカラーイラストがご覧になれます

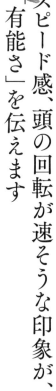

「有能さ」とは、「キレる」とか、「スピード感がある」「頭の回転が速い」、そんな「印象」のこと。そういう印象を与えるヘアメイクであることが大切です。

①ポイントメイクは、オレンジ系、コーラル系を、薄づきで！

全体的に色は薄づきに。色よりも、シュッとした**立体感を意識**してください。

- **アイシャドウのベースカラーは薄く、テクニック集①**の**「シュッとした目」をブラウンのグラデーションでつくって**いきます。
- **アイラインを目頭から**入れます。**線の濃さはしっかりめ**に。**目尻はシュッと斜め外に向かって**伸ばします。**インサイド（まつげの内側の粘膜の部分）にペンシルでブラックを**入れましょう。
- **チーク**は、**テクニック集②**「シュッとした感じ」でつくりましょう。

有能さ(スピード感)が伝わるアップヘア

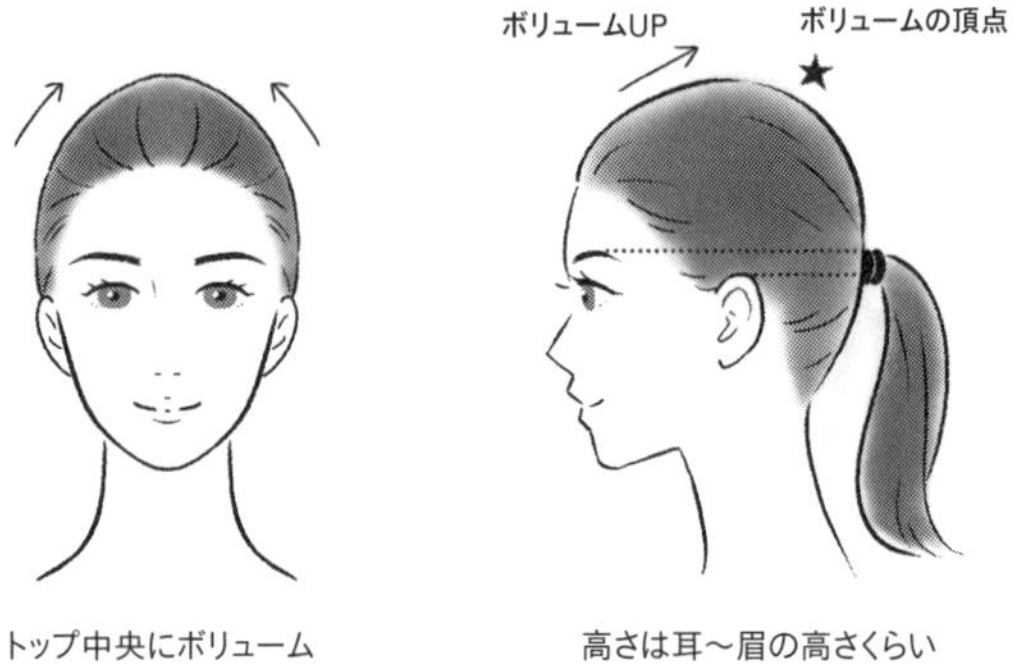

トップ中央にボリューム
高さは耳〜眉の高さくらい

②ヘアにもスピード感を

ヘアは、頭頂部にボリュームがあり、お顔のサイド部分がピタッとしていると、「スピード感」ある印象を与えることができます。

アップスタイルなら耳より少し高い位置で、キュッとまとめましょう。

ダウンスタイルならサイドの髪は耳にかけてください。

③シュッとした顎の線を手に入れる!

そしてもう1つ、**この印象にとって、とても重要なポイントが「輪郭」です。**

スッキリとした輪郭は「若々しさ」「機動力」「スピード感」などの印象を与えることができるのです。輪郭がゆるんでいると、「だらしない」「のんびりしている」「不健康」などのマイナスの印象も与えてしまうのですが、残念ながら、多くの方の輪郭はゆるんでしまっています。30代、40代の働く女性なら誰しも、経年変化、運動不足、生活習慣の乱れなどが原因で、血流やリンパの流れが滞ってしまうのです。

思い当たる方は、**流れをよくするためのツボ押し**をしてください。

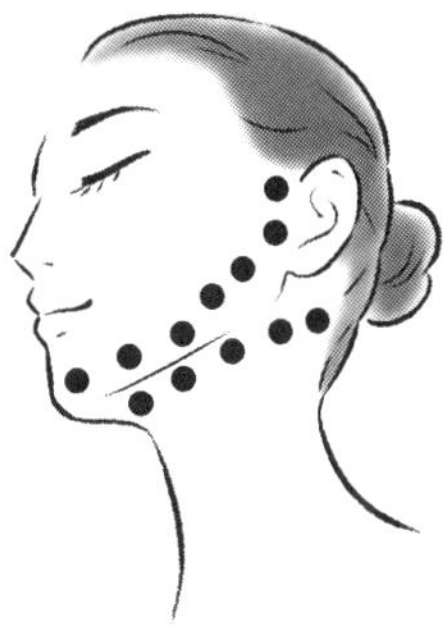

ツボは、顎の骨の上下、輪郭に沿ったところにあります。お風呂に浸かりながら、スキンケアのついでになど、「ながら」でかまいませんので、毎日必ず1、2分押してみましょう。

このツボ押しは2週間ほど続けると、お顔の下半身がググッとシャープになります。

全く体重は変わっていないのに、「痩せた？」と聞かれたり、「若くなった！」と褒められた方が続出していますので、ぜひ続けてみてください！

テクニック登場！

❶下がり目、遠心的なお顔、色素が薄い人はキリリとAdjustし、スピード感を

下がり目は**テクニック集①**、遠心顔は③、色素が薄い人は⑤を使います。

また、遠心的なお顔、下がり目の方は、下がり眉になりがちです。眉尻が下がらないように、しっかりとゴールデンバランスに則った眉を描いてください。

❷丸顔・四角顔・ベース顔は大人っぽく機動力のある印象にAdjust！

テクニック集②のチークで丸顔をシャープに、

四角顔・ベース顔の場合は、安定感がありすぎて「のんびり」して見えてしまうようなら、こちらも**テクニック集②**でシュッとした感じにAdjustしましょう。

❸唇が分厚い人は、肌色リップでAdjust！

存在感がありすぎる場合は、**テクニック集⑥**で存在感を薄めましょう。

婚活においては、「有能さ」という印象は、「理想の男性像」次第！

「有能さ」という印象は、「理想の男性像」によります。

お互いに刺激し合いながらしっかり稼ぐ、いわゆる「パワーカップル」を理想とする男性には有効ですが、そうでない場合には少し強すぎるかもしれません。どんなに優秀で、外ではガツガツ仕事をしていても、家ではゆるんでリラックスしたいという男性は多く、女性がいつもキリリとした「有能」な印象でいると、なんだか疲れてしまうかもしれません。

とはいえ、「スッキリとした輪郭」は「生命力」「健康的」「若々しさ」という「印象」を与えるので、婚活にも有効です！

魅力キーワード

頭がいい　仕事ができる　しっかりしている
自立している　活動的　頭の回転が速い　海外経験が豊富

価値観#03

心身ともに健康

清潔感と明るさ、安定感が、「心身の健康さ」を伝えます

心身ともに健康

こちらでカラーイラストがご覧になれます

「心身ともに健康」というのは、「清潔感」があり、「通常の業務を、滞りなくやり通せる程度の精神的安定、肉体的健康がある」という「印象」です。

「精神的に弱そう」「感情の起伏が激しく扱いづらそう」、また、「不健康そう」（遅刻・早退・休暇が多そう）などの印象を与えてしまうと、仕事を任せるのが不安、と思われてしまいます。

マイナスの印象をプラスに変えて、「健康」であることを表現していきましょう！

①アイメイクのベースカラーは、オレンジ寄りのピンクで。ブラウンのみのアイシャドウパレットはNG！

健康的な明るさをプラスするには、アイホール全体にのせるベースカラーに、明るくやわらかいオレンジ、またはオレンジ寄りのピンクを使うのが正解です。

ありがちなNGは、ブラウンのグラデーションのみでアイメイクをすることです。

日本人はイエローベースの肌の人が多く、ブラウンアイメイクは、馴染みがいいから、と人気があります。

働く女性の2人に1人は持っていると言われる、ブラウンのみのパレットがあるくらいですが、このパレットはそもそも、10年以上前にいわゆるお嬢さん系ファッションに巻髪の「OLさん」の間で人気が出たものです。華やかなフリフリのファッションの甘さに、ピリリとしたスパイスを加えて大人っぽくするには、ちょうどよかったのです。

ですが、大人っぽいシンプルで都会的なファッションや、ダークカラーのスーツで装うときに、ブラウンのグラデーションのみでアイメイクをしてしまうと、**「不健康」な顔、「怖い」顔になってしまう**のです。

ちなみに、ブラウンのアイシャドウパレット自体を否定しているわけではなく、心身ともの健康さを伝えるのには向かない、ということです。

アイラインはダークブラウンのペンシル一択です。

②鮮やかチークは2色を2段階で！プロのテクとブラシを味方につける

肌馴染みがいい、という理由で、くすんだ色のチークを使いたくなる気持ちもわかりますが、顔色が悪く見えます。

パッと明るい、鮮血を思わせるような鮮やかな色を選んでください。頬の血色は、そもそも皮膚の下に、鮮血が流れていることによるものです。肌色の上に、鮮やかな色をのせることで、それが再現できるのです。

でも、下手につけると、お笑い芸人のようになってしまいます。

テクニック集②を参考に丁寧に仕上げてください。

③リップは補助的ツールと心得る

「顔色を明るく」するためには「リップ」、と思っている方も多いようです。間違いではないのですが、チークをつけずに**リップだけで赤みを足そうとすると、「ババくさい」印象**になってしまいます。

まずはチーク、補助的にリップで明るさを出す、が正解です。

テクニック登場！

❶逆三角顔の人、色素の薄い人は、健康的にAdjust！

逆三角顔の人は**テクニック集④**、色素の薄い人は⑤を使います。

❷下地で肌色補正を！

「イエローベース」「ブルーベース」の特徴が非常に強い人は、健康的に見えるよう肌色補正が必要です。**イエローベースならピンク系、ブルーベースならオレンジ系の肌色補正下地を使用**し、チークをしっかりめに入れましょう。

化粧品カウンターで、パープルの補正下地を勧められることが多いようですが、透明感のある白いお肌をつくるものなので、ビジネスには向きません。素敵なドレスを着て、クラシックな空間でのパーティーやお食事に行かれる際にはぜひ使ってください。

❸極度な肌荒れは、生活習慣の見直しが必要。皮膚科への相談も

極度に乾燥肌、あるいは脂性肌、吹き出物が多いなど、お肌の調子が乱れ、荒れているなら、生活習慣を見直し、健康的な生活を送るようにしましょう。お肌の調子から**無意識の生活習慣に気づき、それを正す**ことで、体調が改善される場合も多いのです。

顔を触る癖がある方は触らないように気をつける、枕カバーがつけっぱなしならこまめに取り替える、スポンジやパフ・ブラシなどのメイク道具が汚れたままなら、こまめに洗うなどで、肌荒れが改善することもあります。

それでも治らないようなら皮膚科での治療を受けましょう。

婚活でも「心身ともに健康」は非常に大切な「印象」！

結婚相手としては、できれば心身ともに健康な人を、と願うのは、当然のことでしょう。**ビジネスシーンよりさらにチークをしっかりめに入れて、**顔色を明るくメイクしましょう。

また、**ヘアは少し女性らしさを意識して、毛先を巻く**などすると、なおいいでしょう。

魅力キーワード

健康的　愛されて育っている　軸がある　快活
素直　嫌みがない

価値観#04

親しみやすさ

優しそう、話しかけやすそう、身近な感じなどの万人受け感が、「親しみやすさ」です

親しみやすさ

こちらでカラーイラストがご覧になれます

職種や部署によっては、幅広い層の人と接することが多く、「親しみやすさ」を感じてもらう必要があるポジションもあります。

「親しみやすさ」とは、「優しそう」「身近な感じがする」「話しかけやすそう」など、「万人受け」する印象のことです。

ポイントはここ!

①左右対称と、ふんわりやわらかヘアで

万能ポイントの2つ目、「左右対称」はしっかりとおさえてください。

1つ目の、髪に関しては、多少幅があります。職種や職場の空気感にもよりますが、**色が明るめ**でも大丈夫。少しふわっとしたパーマヘアでも、くせ毛でも、「親しみやすさ」につながります。**黒いストレートはNG**です。

まとめ髪は、オールバックならキュッときつくまとめるのではなく、少しゆるめにまとめましょう。前髪をつくる、毛先を巻くなども印象を和らげることができます。

②ポイントメイクは、オレンジ系か、優しいピンク系

爽やかさのある「親しみ」を表現するならば、**ポイントメイクはオレンジ系**で。ほっとするような優しい「親しみ」を表現するならば**優しいピンク系**の色を使ってください。

・アイメイク

アイシャドウはベースカラーの後に**ミドルカラーのみ**でもＯＫです。ディープカラーものせるのであれば、狭い範囲に、ごく薄くつけてください。

アイラインはブラウンのペンシルで、あまり強くなりすぎないように引きましょう。**マスカラ**は、あまりまつ毛がバチバチになりすぎないように。「やわらかい」「優しい」仕上がりを目指してください。

・チーク

「あたたかみ」を感じさせるために、少ししっかりめにつけましょう。頬の頂点となる2色目は基本よりも少し内側に入れるとほっこりあたたかい印象になります。

テクニック登場！

❶「キツさ」を感じる、上がり目、求心顔、逆三角顔、薄い唇、高い眉山は、すべて優しさにAdjust！

上がり目は**テクニック集①**、求心顔は③、逆三角顔は④、薄い唇は⑥を使います。

また、目の形がはっきりしている、まつ毛がしっかりしているなど、目の印象が強すぎる方は、ピンクのアイシャドウを、まぶた全体にふわっと広げるのみでブラウンのグラデーションは不要です。ビューラーでまつ毛を上げ、透明マスカラをつけるくらいならしてもかまいません。「強い」印象を和らげることができます。

もともとの眉の生え方によって、眉山が高くなってしまう方は、それは無視して、「正面から見てきれいなベーシック眉」になるように描きましょう。とても難しいのですが頑張ってください。

❷色素が濃い人は「強さ」をゆるめましょう
テクニック集⑤でAdjustしましょう。

婚活に、親しみやすさは有効ワードですが、度が過ぎると、軽く、ゆるい印象に

婚活においては、「親しみやすさ」もとても有効です。特にアプリやお見合いなどのプロフィール写真は、「話しかけやすそう」「自分の話を笑って聞いてくれそう」という「印象」があることで、好感を持たれやすくなります。

歯や口元にコンプレックスがあり、真顔の写真を選んでしまう方がときどきいらっしゃいますが、歯が見えるくらいの笑顔の写真をオススメします。

ただ、「親しみやすさ」も度が過ぎると「軽い」「ゆるい」印象になってしまうので、

どこかを強めにすることでバランスをとりましょう。メリハリが大切です。

魅力キーワード

いつも笑っている　優しい　おおらか　話を聞いてくれる
友だちといっしょにワイワイできる

価値観#05

リーダーシップ

大人の自信、意志や軸、品格、そして、心の豊かさが「リーダーシップ」を伝えます

リーダーシップ

こちらでカラーイラストがご覧になれます

この「リーダーシップ」に関しては、仕事を頑張る30代、40代の女性が最も問題意識を持っている点の1つではないでしょうか。

「上司にマネジメントとして頼りないと思われている、軽く扱われている気がする」「年上の部下にナメられている気がする」「男性の同僚が「女の子」扱いしてくるのにムカつく」といったお悩みを多くの方からお聞きします。

そんな方は、「20代の頃からメイクが変わっていない」「数年前の流行で時が止まっている」「学生の頃からずうっと迷子のまま、自己流でメイクしている」という方がほとんど。つまり、**「外見のアップデート」ができていない**のです。

仕事に集中していると、あっという間に数年が経ってしまいます。時が経つにつれ、公式・非公式問わず、立場や役割は少しずつ変化していくにもかかわらず、外見だけが、20代の頃の「素直でかわいい若手の○○ちゃん」のままでは、チグハグ感が否めません。「自分を客観視できていない」「状況を認識できていない」、そんな、能力を疑われるような印象さえ持たれてしまうのです。これでは「信頼してもらえない」、「軽く扱われ」ても仕方ありません。

「かわいい○○ちゃん」から「しっかりしている○○さん」「頼れる○○さん」（マチュア感）という、今のあなたに合った外見へと進化していく必要があります。

立場や役割が変わるたびに外見をアップデートしていきましょう！

「リーダーシップがある」とは、大人としての普遍的な自信、意志や軸を感じさせる品格、豊かさなどです。「豊か」というのは金銭的に、というだけではありません。経験の豊富さや、心が豊かで余裕があることを感じさせることです。

①髪に手をかける

まずは何をおいても髪！　最も重要な点です。髪に手をかけて、「洗練」されたマチュア感を出しましょう。

「手をかける」というのは、**「きちんと手入れして、美しい状態をキープする」**という意味です。

具体的には、

・こまめに美容室でカットしてバランスをキープする
・健康的なツヤをキープする
・丁寧にスタイリングする　　など です。

後頭部がバランスよくふっくらとしていて、手入れが行き届いた髪は大人の品格や豊かさを感じさせます。

オールバックでまとめる際にも、ぎちぎちにまとめるのではなく、ゆとりある髪の流れを意識して。トップと後頭部に少しボリュームを持たせてください。

2019年に、シャーリーズ・セロンが主演した「ロング・ショット　僕と彼女のありえない恋」というコメディ映画があります。その中で彼女は、アメリカ初の女性大統領役を演じているのですが、仕事のシーンのヘアが秀逸です!!

とても丁寧にブローされた、美しく豊かなボブヘアは、まさに「リーダーシップ」の印象のお手本です。ハリウッドの表現力ってやっぱり素晴らしい！　映画の内容自体はともかく、ヘアスタイルの勉強にもなりますのでぜひ見てみてください。

②メイクの精度を上げる

メイクの精度が高いというのは、濃い、しっかりメイク、という意味ではありません。**不要なものは削ぎ落とされ、本当に必要なものだけを使って、丁寧に仕上げられている状態**のこと。

ファンデーションの塗りムラがないか、眉が自然に描かれているか、アイシャドウやチークなどのグラデーションが、自然で美しく仕上がっているか、などがとても重要です。

そんなところまで見ている？　と思うかもしれません。もちろん、見ている側は細かいところをチェックしているわけではありません。ですが、その精度の低さから、「品がない」「安っぽい」「だらしない」などの印象を受け取ってしまうのです。

美しいグラデーションで、丁寧に仕上げられたメイクは、洗練されたマチュア感をもたらし、見る人にリーダーシップを感じさせることができるのです。

③ポイントメイクはグラデーション命！

アイメイク、**チーク**は、ナチュラルすぎず、濃すぎず、美しいグラデーションになるように丁寧に仕上げましょう。

カラーは、ピンク系、オレンジ系、コーラル系、どれでもかまいません。ただし**「色をつける」というよりは、「血色を加え」ながら、美しい立体感をつくるイメージ**で、品よく仕上げてください。**グラデーション命!!** です。

リップも同様に、色が強すぎないよう、リップラインがはっきりとしすぎないよう、品よく仕上げてください。**リップラインがはっきりしすぎていると、途端に「ババくさい」印象**になってしまいます。

上下の唇をよーくムニュムニュと合わせる、または**綿棒でリップラインを軽くなでる**などして、少し曖昧になるようにしてください。

テクニック登場！

❶求心顔・遠心顔は、バランスよくAdjust！

求心的、遠心的なお顔は**テクニック集③**でバランスを調整しましょう。遠心顔は「余裕がある印象」にもつながりますので、もしそうならそのままでもOKです。

❷色素が薄い人、下がり目の人は、「しっかり」した印象に

色素の薄い人は**テクニック集⑤**でAdjustを。

下がり目の人は、「甘く」見えすぎるようなら「自信」や「意志」を感じさせるよう、**テクニック集①**で「シュッと」した印象に。

❸丸顔は大人っぽく、逆三角顔は豊かさを

丸顔、逆三角形の顔は、**テクニック集④**で調整しましょう。

婚活では、理想の男性像次第

婚活において、この「リーダーシップ」の印象が効果的かどうかは、あなたの「理想の男性像」によります。40代後半以上などに一定数いる「お互いに仕事を大切にした自立した大人の関係性を求めている人」や、逆に「年上の大人の女性」を求めている30代の男性には有効です。

とはいえ、「有能さ」同様、常にこの「印象」だとなかなかリラックスした関係性になりづらいという男性も多いかもしれません。

魅力キーワード

自立した大人の女性　落ち着きがある　上品　たおやか
大人の色気がある　流されない　包容力がある

価値観#06

タフさ

ハードな仕事に耐える、精神的・肉体的「タフさ」は、直線、太さ、黒で表現します

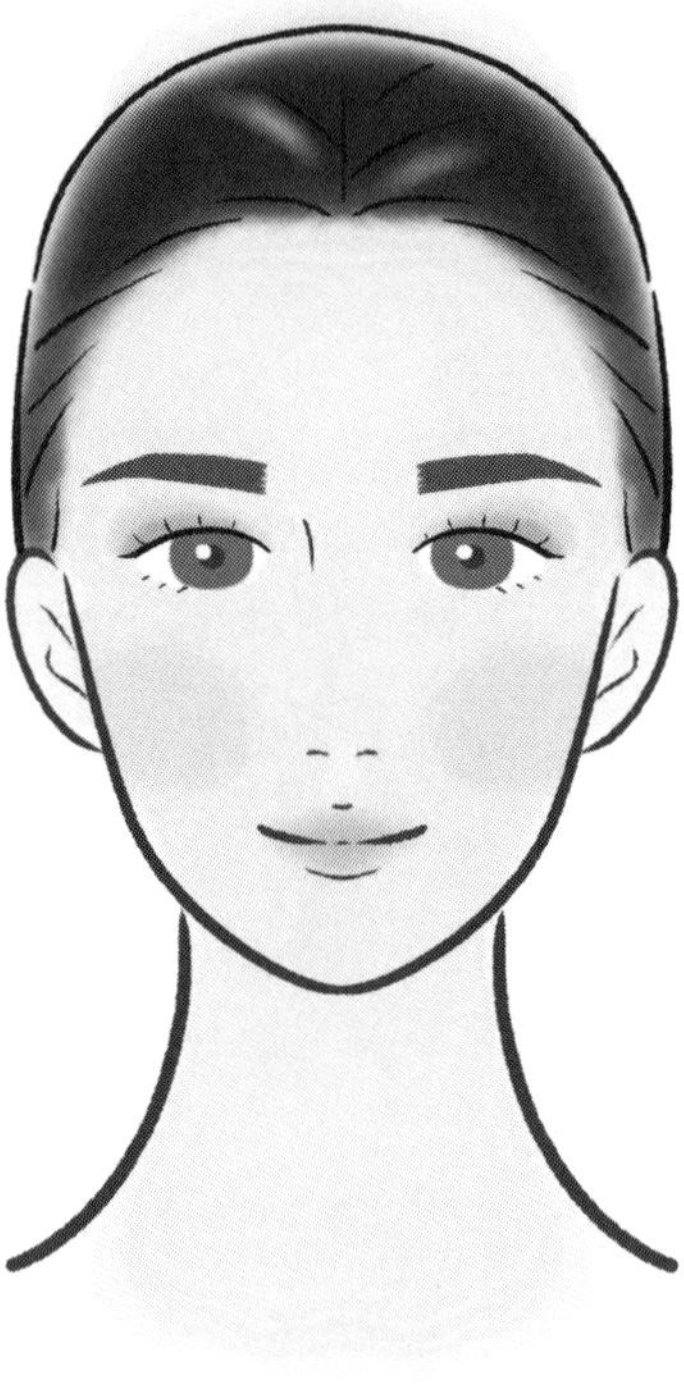

タフさ

こちらでカラーイラストがご覧になれます

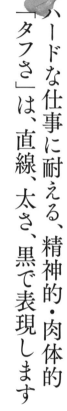

「女性には難しい」と考えられている仕事が、まだまだたくさんあります。

・海外出張や、海外とのオンラインミーティングが多く、体力的に大変な仕事
・プレイングマネージャーなど、業務量が多く残業が多い仕事
・現場の職人さんなど、扱いが難しいおじさまたちを動かさなくてはいけない仕事

そこまでハードではなかったとしても、「この人、体力大丈夫かな」とキーパーソンに思わせてしまうと、やりたい仕事を、させてもらいづらくなってしまいます。

精神的にも、肉体的にも「タフ」である印象を与えるための、外見づくりが必要です。

①髪も眉もまつ毛も黒で！

髪を含めて、**「毛」はすべて黒に近い色**味を意識してください。また、**全体的に、「直線」「太さ」を意識してどっしりと、**そして**オレンジ系の色味で「健康的」な印象**をつくっていきましょう。

眉は、なるべく**直線的に、濃いダークブラウン**を使って描きましょう。眉尻が長くなりすぎないように（アイラインの長さがないので短めになるはずです）。

ヘアは、スタイリングはシンプルに。まとめ髪ならオールバックや多めにおでこを出して斜め前髪をしっかりスプレーなどでホールドするスタイル。まとめる位置は、耳の高さよりも低い位置で。それによって、**「どっしりとしたタフ感」**が出ます。ダウンスタイルもＯＫですが、**毛先を直線的に切り揃えたストレートヘア**を。**女性的な印象の巻髪を避け**、巻くとしても毛先をほんの少し丸めるくらいにとどめます。

②ポイントメイクは、オレンジ系か、オレンジ寄りのコーラルを薄く！

基本的に、オレンジ系、オレンジ寄りのコーラル系の色を選んでください。

・**アイシャドウ**のベースカラーにごく薄くオレンジ系を使い、ミドルカラーも狭い範囲で薄めに。**ディープカラーをまぶたギリギリに線を引くよう**に入れてください。

・**アイライン**は、目元を強く見せるために、**ダークブラウンか黒のペンシル**で。まぶた上に「線」を描くのではなく、**まつ毛の間を埋めるイメージ**で、ただし、しっかりと引きましょう。**ラインは目尻からはみ出さない、もしくはマックスでも2ミリ**くらい出る程度の短いラインがオススメです。

・**チークも、リップもほんの少し、**健康的な血色を与える程度でOKです。

テクニック登場！

❶求心顔・遠心顔とも、Adjustが必要

テクニック集③で、バランスをとってください。

❷色素が薄い、色白すぎる人は、あえて顔のトーンを一段落とすことも！

色素が薄い場合は、**テクニック集⑤**でAdjustしましょう。

肌の色素が薄いだけはでなく、色がうさぎちゃんのような白ピンクで、頬も自然とうっすらピンクになってしまう方がいらっしゃいます。そんな方は、あえて**オークル系（黄みの強い色）ファンデーションの、普段より1、2段暗い色**を使いましょう。

肌が健康的な色に見えることで「強さ」が出ます。

化粧品カウンターで「お客さまの肌にはこちらのほうが合いますよ」とアドバイスされるかもしれませんが、迷わずオークルを買ってください。

女性らしい、ふにゃっと可愛らしいお顔立ちの方も「弱々しい」イメージを与えてしまいます。**眉、目を強めるイメージで**メイクしてください。

❸下がり目、丸顔、逆三角顔は男性的なタフさを！
下がり目は、「甘く」見えてしまうようなら**テクニック集①**でAdjustしましょう。

丸顔、逆三角顔は**テクニック集④**を使います。

さらに、ポイントメイクをしっかりとすることで、強さを出しましょう。チークは元気に見えるオレンジ系で。

❹薄い唇は、セクシーにならない程度にふっくらと
薄い唇はテクニック集⑥を使いますが、**女性的な感じにならないように**気をつけて。

リップペンシルは赤みの少ない色を選んで、どっしりとした「強さ」をイメージしてつけてください。

一般的には、（日本男性との）婚活には向かない「印象」です。

この「タフ」さは、男性的な印象を与えるためのメイクです。婚活では逆効果になってしまうことが多いので、気をつけましょう。

魅力キーワード

実直　かっこいい　頼れる

価値観#07 女性らしさ

全体的に、何をおいても曲線！「女性らしさ」が伝わります

女性らしさ

こちらでカラーイラストがご覧になれます

「女性らしさ」を求められるのが嫌なんです！　という方も、ときどきいらっしゃいます。実際、「女性」を出すことが、マイナスになる場合ももちろんありますが、たとえば、秘書、広報、人事など、社内外に対するイメージとして「女性らしさ」が有効な場合もたくさんあります。

そして、ちょっとずるいと思われるかもしれませんが、あなたの出世のキーパーソンが中高年の男性だとしたら、やはり男性は女性が好きです。「ナメられ」たり、「恋愛対象として見られて困ったことに」ならない範囲で、あなたの中の女性性は、上手に賢く使っていきましょう。

個人的には**「女性らしさ」を表現し、有効活用していく**ことは、とっても素敵なことだと思っていますが、キーパーソンがタフでリーダーシップのある女性の場合は、女性らしさを強調する女性は逆に疎まれることもありますので、ご注意を！

全体的に、曲線を意識して、丸くやわらかく、でもしっかりとした芯の部分もある、そんなイメージをしながらヘアメイクしていきましょう！

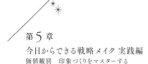

①まとめ髪でもダウンスタイルでも、巻いてゆったり。

まとめ髪にしたい場合は、ぎちぎちではなく、**少しゆるめにまとめて**ください。**斜め前髪やほどよい量・厚みの前髪があり、毛先が巻かれている**といいでしょう。まとめてからではなく、**まとめる前にアイロンで巻く**と仕上がりが美しいですよ。

ゴムの部分には、シンプルで品のある、女性らしいデザインのヘアカフスなどを使うのがオススメです。

ダウンスタイルもＯＫです。だらしなく見えないよう、ツヤやエッヂの処理をしっかりすること。そして、ワックスなどのスタイリング剤で毛先にある程度の「まとまり感」を出しましょう。スタイリング剤のつけ方は、ツヤを出すワックスと同じですのでそちらを参考にしてみてください（178ページ参照）。

また、ヘアの分け目を、正面から見たときに真っ直ぐな線になるように分けるのではなく、頭の丸みに沿って、丸く斜めに分けるだけで、女性らしさがグッと出ます。

②ポイントメイクのカラーは、ピンクまたはコーラルピンク！ちょっと物足りないくらいがいい

・**アイシャドウ**のベースカラーは、下品にならない範囲で華やかに見えるようにつけます。ミドルカラー、ディープカラーは強くなりすぎないように。

・アイラインもダークブラウンのペンシルで。インサイドを引く場合もダークブラウンがオススメです。

・**チーク**も、リップも、ほんの少し華やかさを感じるようにつけましょう。

やりすぎてしまうと「ケバい」印象になってしまうので、**アイメイクのみに重点を**

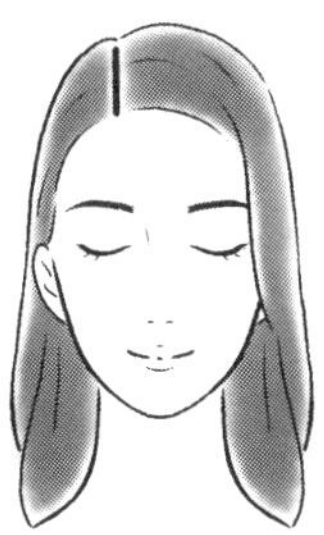

中村アン風なナナメ分け

置くなど、一点豪華主義でいきましょう。女性らしく華やかだけど、夜、食事や遊びに行くにはちょっと物足りないかな？　くらいのイメージです。

③高すぎる眉山と直線眉は厳禁！

眉山が高くなりすぎたり、直線的になりすぎたりしないように。眉の描き方の「点と点を結ぶ線を描く」プロセスで、**ごくわずかに丸みをつける**ようにしてください。**仕上げで枠線をしっかりぼかす**のも、女性らしさを出す上では大切です（194ページ参照）。

テクニック登場！

❶黒くて太く固く多い髪の人は、Adjust が必要

髪が黒くて太くて多く、「男性的」な感じがしてしまうようなら、トーン6、7程度にヘアカラーをするのもオススメです。

❷色素が濃い人は、ピンクの下地で女性的に！

テクニック集⑤を使います。

❸逆三角顔、四角顔、ベース型の顔の人は、まつ毛やチークで女性らしさを強調

さほど女性らしさの印象を邪魔しないようであれば、Adjustは必要ありません。「ポイント」にしっかりと注力しましょう。まつ毛を思い切りバチっと上げてマスカラをしっかり塗り、チークに可愛らしいピンクを使うのもオススメです。

とはいえ、もしも逆三角形で「神経質」すぎる感じがしてしまうようなら、**テクニック集④**を使います。

婚活には、このメイクを徹底マスターすること

婚活においては、もちろん、この、「女性らしさ」の表現はとても効果的です。媚びているみたいで嫌です！　なんて言わないこと。基本的には、男性は「女性」と結婚したいのですから。

魅力キーワード

女性らしい　派手すぎない華やかさがある　ふんわり感

＊＊＊

以上が、大切な7つの価値観を表現するためのヘアメイクでしたが、いかがでしたか？

「難しく高度なテクニック」はほとんどなく、「誰でもできる簡単なテクニック」の組み合わせであることが、おわかりいただけたのではないでしょうか。

繰り返しになりますが、「戦略メイク」は、あなたの理想の未来をかなえるために「能力・魅力」を「印象」として表現するための「ツール」です。

「印象」の法則は、そう簡単に変わることはありませんから、「一生使える知識とテクニック」と思っていただいて大丈夫です。

ぜひぜひ、使いこなして、ラクに楽しく、あなたの理想の未来をかなえていってください！

私はいつでも、あなたの幸せを心から、心から応援しております!!

Column06

これだけは！オススメアイテム

そろそろ、「オススメのアイテム」を教えてほしい！と思っていらっしゃるのではないでしょうか。

コスメは入れ替わりも激しいので、悩ましいところなのですが、本書では「これだけは！」という名品&定番（と思われるもの）のみ、ご紹介させていただきますね。

本書を手にしていただいたときに、すでに廃番になっている可能性もありますが、その点はご容赦ください。

●アイシャドウブラシ
SUQQU アイシャドウブラシ R

もう、これは、使うたびにうっとりしてしまう、名品中の名品です。

ネコヤナギのような丸いやわらかい毛先が、アイシャドウのベースカラーを、ぼかし広げるのに最適です！

ふわっと上品に、アイホール全体に、ヴェールをかけるように色をのせられます。

肌触りも本当に優しくて、繊細なまぶたの皮膚にも負担をかけません。小さいブラシの割にはお値段は小さくないのですが、長く使えますし、充分にその価値はあります。

●チークブラシ
MAKE UP FOREVER パウダーカブキ　124

ピンポン球のような形状、大きさでパーフェクトなチークブラシです。

こちらもずうっとお肌をなでていたくなる、うっとりするような感触です。本来はフェイスブラシですが、チークブラシとして使用してください。

同じ形、サイズの筆先で、柄の長いものもあるのですが、私はこちらのほうが、毛がやわらかい気がして124をオススメしています。

持ち運びに便利な、可愛いケースもあり（別売り）、使い勝手がいいのも嬉しい点です。

●ブラウンアイシャドウ
CHANEL ル　キャトル　オンブル　308

ブラウンのアイシャドウ選びは、本当に、本当に、難しい！

黄み寄りでもなく、赤み寄りでもない、このパレットの上品なブラウンは、なかなかの希少価値なのです。これならイエローベースさん、ブルーベースさん、どちらのお肌の方にも上品に馴染みます。

ただ、マットな質感なので、ぼかすのに多少テクニックが必要です。ミディアムカラーはブラシで、ダークカラーはチップでつけてください。

●アイブロウペンシル
shu uemura ハード フォーミュラ

定番中の定番です。芯が硬く描きやすいです。しっかりつくのにぼかしやすく、色バリエーションも豊富なので、使い方によっていろいろなニュアンスが表現できます。エイコーン、ストーングレーあたりがビジネスシーンに合う色です。

（本書中の眉の描き方で、「点を打つ」というプロセスがありますが、それには向きません。点を打つには、芯が1・5ミリ以下の繰り出し式のものを使用してください）

●その他
チーク、リップについては、ドラッグストアなどのプチプラコスメでもかまいません。ですが、アイシャドウはハイブランドのものがオススメです。パールやラメの繊細さ、品の良さに大きな差が出ます。

おわりに

メイクを考えることは人生を考えること

大袈裟だと思うかもしれませんが、私はそう考えています。

自分にどんな魅力・能力があるのかを知らないと、メイクは決まりません。自分は何が好きなのか、どんな人生をクリエイトしていきたいのか、何が自分にとっての「理想の未来」なのかをわかっていないと、メイクは決まらないのです。

また、誰に伝えたいのかによってメイクは変わってきますし、相手をどれだけ理解しているかによって「伝わる」メイクの精度が変わります。

メイクを考えることは人生を考えること。

そう思いませんか？

私はこれまでに2万人近くの女性と出会い、お話を伺ってきましたが、**「魅力・能力のない人は1人もいない」**と感じています。

にもかかわらず、驚くほど多くの女性が**「自分にダメ出し」し、「ダメな自分を責め」、「そんな自分を変えなくては」と思っている**のです。本当にしたいことや、好きなことを認めてあげず、親や世間の目、異性の目を気にして、無理や遠慮や我慢を重ねています。

人生、いろいろな壁にぶつかりますが、絶対に間違えてほしくないのは、**変えるべきは「あなた自身」でも「あなたのしたいこと」でも「好きなこと」でもありません。変えるべきは、**それらを人に伝え、理解してもらい、理想の未来をかなえるために使う**「コミュニケーション」のほう**なのです。

個人的には、「個性爆発！」な外見の人だらけの世の中になったら、とっても面白いだろうなと思っています。実際に、多様性が受け入れられる場所もどんどん増えていくでしょう。ですが、残念ながら、組織の中でそれがかなう日は、少なくともあと30年は来ないでしょう。

だからこそ、可能なシーンでは、自分の「好き」をしっかりと大切にし、そうでない場面では「戦略メイク」というツールを使って、主体的に、賢くコミュニケーションしながら自分の理想をかなえていっていただきたいのです。

「メイクを変えただけなのに、こんなに変化することができました！　思っていたよりずっと楽に欲しい結果が手に入りました！」と喜び、満面の笑顔でのご報告を聞くことが、私にとっては何よりも嬉しく、楽しく、心から幸せを感じる瞬間です！

「戦略メイク」ほど、楽で効率のいいコミュニケーションツールはありません。

先の見えない、変化の速い時代に、ツールを賢く使いこなし、主体的に、「理想の未来」をかなえていく。軽やかに、美しく、どんどんＨＡＰＰＹになっていく。そんな女性でいっぱいの世の中になればいいな、と思います。

本書がその一助になれば嬉しいです！

なお、本書の内容は、私が立てた仮説を、多くの方に「外見と印象に関するアンケート」にご回答いただき検証することで、完成いたしました。コラムでご紹介した以外にも、多くの方にご登場いただき、また、ご回答を寄せていただきました。本書でご紹介しきれなかった方々は、書籍購入者様限定の特設ＬＩＮＥ公式で順次ご紹介しております。どうぞご覧くださいませ。

そして、ご協力いただきましたみなさまのあたたかいお気持ちに、心からお礼を申し上げます。本書をより多くの女性にお届けできるよう、今後とも尽力してまいります。本当にありがとうございました。

＊アンケートにご協力いただきました皆さま（お名前掲載ご希望者の方のみ・敬称略）

福井久乃／NT／〝子どもが教える学校〟鈴木深雪／安藤貴章／後藤佐知子／有重みきこ／なっちゃん／くららん／三浦健夫／持田恭子／森村アキ／寿司リーマン／タニヤマ　ヨシタカ／小野寺ミヤ／麻日奈　芽実／YM／ヴィーナス／S.Y／まり／植原江美子／N.N／a.／野村元輝／みやび／kazu／あすかさん／J／YURIKO／MK／James／Naoki Ishihara／ヨシカネ／塚本はるな／だいのすけ／James Kojima／SA／こうじ／裕子／ゆか／M／K／K／りんご／新出／Ryu／あだ名／いせ／ちびすけ／富山容子／ai／株式会社PLUS F代表取締役川島史子／高久恵美子／YUKI／パンケーキ友の会／N.Y／えりりん／Y.A／MH／ユウ／Y.T／M／M.W.／ひろ／k／みぃ／大澤／S.K／K F／t,t／S.K／ERI／R.H英語コーチ／Miyuna／まーにゃ／A.K／くみこ／K.O／山田展／大塚／C.U／足元の黒衣／マツキー／R.T／さやか／さとみ／H.F／Yさん／もも／S.K／TA／E.T／N.N／たろちゃん／岩崎／かぜいろそして、本書は、News Picks主催のNew Schoolのプロジェクトに参加したことをきっかけに生まれました。プロジェクトリーダー（講師）のBOW BOOKS代表 干場弓子さんは、ディスカヴァー・トゥエンティワン創業社長でもあり、数々の有名著者さんを発掘した敏腕編集者さんでもあり……。まさに私にとっては、20代の頃から、「雑誌などのメディア上で拝見する、キラキラ輝く、ロールモデルと言うには遠すぎる憧れの存在」でした。

そんな干場さんから、直接、厳しくも温かいご指導を受けられただけでも、最高に楽しくエキサイティングな経験だったのですが、それだけでなく、出版のお声がけまでいただけるなんて、まるで夢のようです。心から感謝いたしております。

実は、そのプロジェクトのサブタイトルは、〝「世界に影響を与える人」に影響を与える著者への道〟というものでした。プロジェクト期間中、私にとっての「世界に影響を与える人」は誰なんだろうと、ずうっと考えていたのですが……。

あるとき、ふと気づいたのです。それは、**「働く女性たち一人ひとりだ」**と。

そう、**あなた**のことです。

あなたには、もう充分に能力がある！　だからもっと評価されるべき！
それ以上頑張りすぎなくていい。もっと楽に理想の未来をかなえていい！

あなたが「戦略メイク」を使って、「理想の未来」をかなえ、そのＨＡＰＰＹな輝きを周囲に放ち、世界にいい影響を与えていってくださる。それを想像すると……。

私も最高にＨＡＰＰＹです！

私自身も、これからも皆さまと一緒に、世の中にいい影響を与えていけたらと思っていますので、これからもどうぞよろしくお願いいたします♡

池畑玲香

２０２３年11月吉日　戦略ゼロのすっぴん@自宅デスクにて

著者紹介

池畑 玲香《いけはた れいこ》

プロヘアメイクアップ・アーティスト経験と大手外資系企業勤務経験を持つ。

大学卒業後、美容専門学校、美容室勤務を経てプロヘアメイクアップアーティストとして、メディアなどで活動。女優、タレントに「役を掴ませ」、アーティストに「ファンを創る」発想でメイク。来日ハリウッド女優も担当。

その後、健康上の理由からアーティスト活動を断念し、大手外資系企業に就職。10年間の役員秘書経験を通じてさまざまな職種・階層の視点を得、その間に心理学・パートナーシップ学を学び、独自のメイクメソッドを構築して、2017年に起業。レッスンや講座などを通じて、働く女性の「昇進」「転職」「営業成績社内1位」「売り上げUP」「婚活」などの目標達成のサポートを続けている。

オフィシャルサイト（HP）
https://labella-leiko.com/

Instagram
https://www.instagram.com/leikoikehata/

BOW BOOKS 022

戦略メイク

自分の顔は自分でつくる

発行日　2023年12月25日　第1刷

著者	池畑玲香
発行人	干場弓子
発行所	株式会社BOW&PARTNERS https://www.bow.jp　info@bow.jp
発売所	株式会社 中央経済グループパブリッシング 〒101-0051　東京都千代田区神田神保町1-35 電話 03-3293-3381　FAX 03-3291-4437

ブックデザイン	池上浩一
イラスト	木下かなえ
編集協力＋DTP	BK's Factory
校正	鴎来堂
印刷所	中央精版印刷株式会社

　ISBN978-4-502-48531-2

BOW BOOKS

時代に矢を射る　明日に矢を放つ

WORK と LIFE の SHIFT のその先へ。
この数年、時代は大きく動いている。
人々の価値観は大きく変わってきている。
少なくとも、かつて、一世を風靡した時代の旗手たちが説いてきた、
お金、効率、競争、個人といったキーワードは、もはや私たちの心を震わせない。
仕事、成功、そして、人と人との関係、組織との関係、
社会との関係が再定義されようとしている。
幸福の価値基準が変わってきているのだ。

では、その基準とは？　何を指針にした、
どんな働き方、生き方が求められているのか？

大きな変革の時が常にそうであるように、
その渦中は混沌としていて、まだ定かにこれとは見えない。
だからこそ、時代は、次世代の旗手を求めている。
彼らが世界を変える日を待っている。
あるいは、世界を変える人に影響を与える人の発信を待っている。

BOW BOOKS は、そんな彼らの発信の場である。
本の力とは、私たち一人一人の力は小さいかもしれないけれど、
多くの人に、あるいは、特別な誰かに、影響を与えることができることだ。
BOW BOOKS は、世界を変える人に影響を与える次世代の旗手を創出し、
その声という矢を、強靭な弓（BOW）がごとく、
強く遠くに届ける力であり、PARTNER である。

世界は、世界を変える人を待っている。
世界を変える人に影響を与える人を待っている。
それは、あなたかもしれない。

代表　干場弓子

＊さほど大きな影響はない、もしくは、
程度／他のパーツとのバランスなどによるものは空欄

髪

		信頼感	有能さ	心身とも健康	親しみやすさ	リーダーシップ（マチュア感）	タフさ	女性らしさ
	真面目・堅実・重い・地味・男性的 （ヘナなどによる不自然なほどの真っ黒は、違和感・不安定感）	○	○	○	△	○	○	△
度）	真面目・品がいい・万人受け・健康的	○	○	○	○	○	○	○
	明るい・活動的・軽薄・派手・安っぽい（一部の業界・業種以外は品に欠ける印象）	×	×	△	△	×	△	△
	軽薄（業界・業種などによってはおしゃれ）	×	×	△	△	×	△	△
	健康的・きちんとしている・清潔感・品がいい （自然なツヤではなく、脂性のベタっとしたツヤ／ギラつきは、不健康・清潔感に欠ける印象）	○	○	○	○	○	○	○
などでツヤがない	不健康そう・だらしない・清潔感に欠ける・品がない・疲労感・貧乏くさい	×	×	×	△	×	△	×
	出ていれば「アホ」っぽく間抜けな印象	×	×	△	△	×	×	×
ゴムあと	だらしない	×	×	×		×	×	×
の不揃いな毛先	だらしない・清潔感に欠ける・貧乏くさい	×	×	×		×	×	
れ毛	自信がない・何か隠してる後ろめたい印象・卑屈な印象 （職場の文化によっては意図的にきれいに出していればオシャレ感・こなれ感）	×	×			×	×	
わりのおくれ毛	疲労感・貧乏くさい・生活感あふれる	×	×	×		×	×	×
前髪あり	眉が半分～全部隠れるくらいの長さでほどよい量なら、正統派の印象	○	○	○	○	○	○	○
	上記以外 短すぎ／長すぎは、若造り感・ぶりっ子感・個性的・アーティスティックなどの印象 目にかかる・影ができるほど分厚い場合は、暗い・清潔感に欠ける・不誠実・卑屈などの印象	△	△	△	△	△	△	△
	眉が隠れる～耳上くらいの長さでほどよい量。ゆるく曲線となっている場合は好印象	○	○	○	○	○	○	○
	長すぎる・ピタっとおでこに張り付いている場合は清潔感に欠ける・だらしない印象に	×	×	×	×	×	×	×
ールバック	清潔感・正々堂々感・有能さ・タフさ・強い・キツい	○	○	○	△	△	○	×
	健康的・明るい・正々堂々感・清潔感	○	○	○	○	○	○	○
ィアム、ロング	ショート＝健康的／ミディアム＝正統派／ロング＝女性らしい印象はあるものの、印象への影響力はさほど大きくない （短すぎる・長すぎる・奇抜なスタイルなどの場合は、「変わっている」「個性的」「協調性がない」などの印象）							

キリトリ

分析ポイント2 左右バランス

		信頼感	有能さ	心も
左右対称（または左右対称に近い）	安定感・安心感・信頼感・親しみやすさ	○	○	
左右非対称	不安定感・アンバランス感・アーティスティック・ひねくれ感・おちゃらけ感・個性的・悪だくみをしている	×	×	×
求心的	神経質・キツさ・鋭さ・スピード感・賢さ	△	○	
遠心的	やわらかさ・優しさ・間抜けっぽい・のんびり	△	×	

分析ポイント3 眉デザイン

ベーシック眉	信頼感・誠実さ・安定感・安心感	○	○	○
アーチ眉	オンナっぽさ・気が強い・はすっぱ	△	△	△
下がり眉	弱々しい・自分の意見がない／言えない	×	×	
眉山が高すぎる	びっくりしている・ヒステリック	△	△	△
眉頭同士が近い	賢い・ケンがある・神経質	○	○	
眉頭同士が離れている	優しい・抜けている・のんびりしている・騙されやすそう	△	×	
細すぎる・太すぎる・毛がバラついている	人間的バランスが悪そう	×	×	×

分析ポイント4 顔の色素

色素が薄い	やわらかい・優しい・弱々しい・女性らしい	△	△	△
色素が濃い	強い・健康的・男性的	○	○	○

分析ポイント5 その他ポイント

目の角度				
上がり目	キツい・鋭い・スピード感		○	
下り目	優しい・甘い・のんびりしている		×	
輪郭				
丸顔	やわらかい・穏やか・安定感・安心感・信頼感・幼さ	○	×	○
四角顔・ベース顔	強さ・たくましさ・安定感	○	△	○
卵型	バランスがとれている	○	○	○
逆三角	賢い・キツい・貧弱	△	○	△
肌				
イエローベース（極度な場合はマイナスの印象）	健康的・軽い・明るい・安っぽい・貧乏くさい			
ブルーベース（極度な場合はマイナスの印象）	真面目・堅い・重い・体が弱い			
極度に乾燥肌／脂性肌／荒れている	不健康・清潔感に欠ける	×	×	×
唇				
薄い	神経質・淡白・冷たい		○	
分厚い	おおらか・人情味がある	○	×	○

分析ポイント1

①髪色
黒
茶（トーン6、7程
明るい茶
ニュアンスカラ
②質感
ツヤあり
くせ毛・乾燥毛
③エッチ
アホ毛
後頭部の潰れ
伸ばしっぱな
顔まわりのお
耳まわり・首ま
揃えて切った
斜め前髪
しっかりした
おでこ出し
④スタイル
ショート、ミ

キリトリ